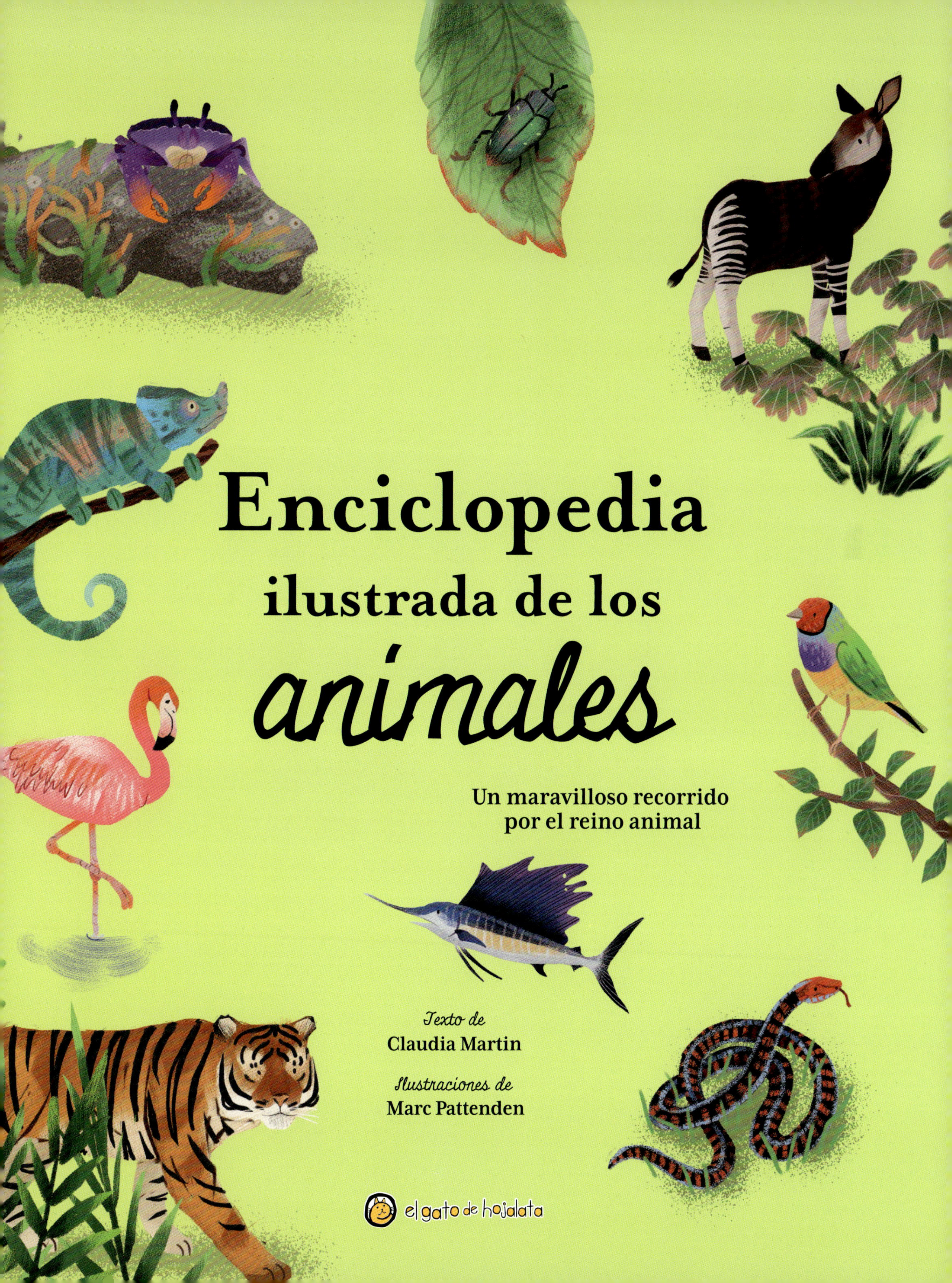

Enciclopedia ilustrada de los *animales*

Un maravilloso recorrido por el reino animal

Texto de
Claudia Martin

Ilustraciones de
Marc Pattenden

el gato de hojalata

Dirección editorial: María José Pingray
Coordinación de proyecto: Jesica Ozarow
Traducción: Evangelina Livoti
Edición: Ana Flores
Diagramación: Daniela Rositto
Corrección: Sofía Viders
Preprensa: Alan Fonzar
Producción industrial: Aníbal Álvarez Etinger
Asistente de producción: Camila Fernández

Primera edición publicada por Editorial Guadal S.A., Humboldt 1550 Oficina 01, Palermo, Ciudad Autónoma de Buenos Aires, Argentina. Hecho el depósito que marca la Ley 11723.
Libro de edición argentina.
Impreso en China, en marzo de 2024.

Enciclopedia ilustrada de los animales / coordinación general de María José Pingray. - 1a ed. - Ciudad Autónoma de Buenos Aires : El Gato de Hojalata, 2024.
128 p. ; 28 x 23 cm.
ISBN 978-987-820-668-4
1. Enciclopedias Infantiles. I. Pingray, María José, coord.
CDD 808.068

CONTENIDOS

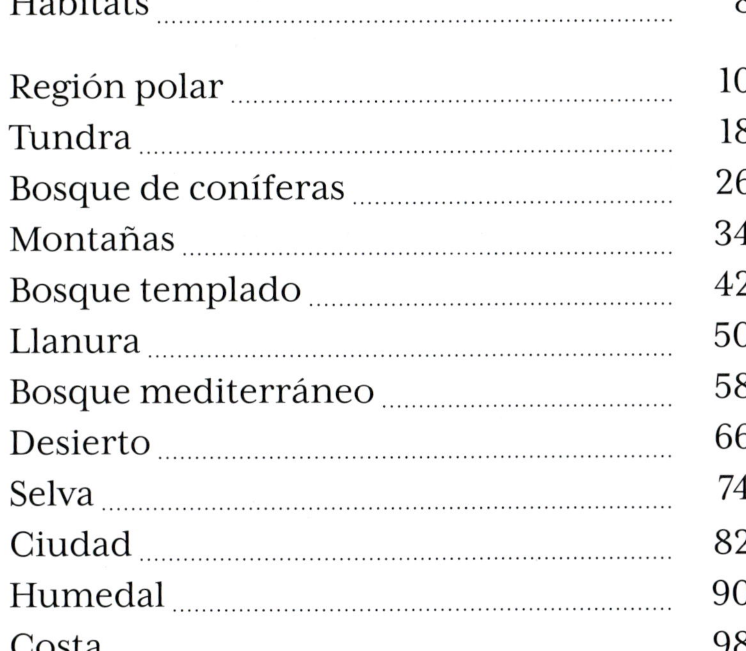

Animales asombrosos

Cada rincón de nuestro planeta, desde la selva o el desierto, hasta una ciudad o un arrecife de coral, es el hábitat de millones de animales sorprendentes. Se cree que hay, aproximadamente, 20 trillones (el número 2 seguido de 19 ceros) de animales que viven hoy en nuestro planeta, y que pertenecen a más de 1,5 millones de especies diferentes. Los pequeños animales que viven en el océano se consideran dentro de las especies más comunes, como el kril antártico, del que se cree que hay, al menos, un billón. Al mismo tiempo, de otras especies, como el orangután de Borneo o el lobo rojo, quedan muy pocos ejemplares ya que están bajo la amenaza constante de una de las especies más inteligentes del planeta: los seres humanos. Curiosamente, los humanos son, también, los únicos capaces de protegerlos.

Alrededor de dos tercios de los animales del planeta son mayormente carnívoros y se alimentan de otros animales, como insectos, peces y mamíferos. Por ejemplo, el superdepredador más temible es la ballena azul, que se alimenta de, aproximadamente, 400 millones de kriles al día (lo que equivale a un billón en los 80 años que puede alcanzar de vida). Este mamífero, que mide casi 30 m de largo, se considera el animal más grande del mundo. Mientras tanto, el otro tercio de los animales se alimentan de plantas y otros seres vivos, como algas y hongos. El elefante africano de la sabana, que con sus casi 4 m de altura se considera el animal terrestre más grande que existe, es herbívoro. Su gran tamaño le permite ahuyentar a los depredadores y, como no necesita correr, esconderse ni saltar para atrapar a sus presas, puede alimentarse sin dificultades.

Mientras que varios insectos, como las abejas o las moscas de la fruta, viven solo lo suficiente para crecer y reproducirse, lo que solo les toma 50 días, muchos animales de mayor tamaño viven durante años, décadas e, incluso, siglos. Tal vez, el más longevo sea el tiburón de Groenlandia que, nadando y creciendo lentamente, puede llegar a los 500 años de vida. Existe, además, una pequeña medusa, conocida como la *medusa inmortal*, que es capaz de regenerarse y volver a un estado anterior de su desarrollo cuando alcanza la vejez o atraviesa una enfermedad. Sin embargo, esta capacidad única se ve opacada por los depredadores que, probablemente, se la coman antes de que pueda llegar a los 500 años. Al igual que todos los animales que habitan nuestro planeta, desde el más pequeño al más grande, esta medusa debe luchar cada día por alimentarse, reproducirse y sobrevivir.

El orangután de Borneo, pariente cercano de los humanos, está en peligro de extinción debido a la caza y a la tala de árboles en la selva, su hábitat natural.

El elefante africano de la sabana vive entre 60 y 70 años, mientras que la jirafa y la cebra de la sabana, que son de menor tamaño, pueden alcanzar los 25 años de vida.

Grupos de animales

Todos los animales comparten algunas características importantes, como la necesidad de alimentarse de otros seres vivos y de respirar oxígeno, que usan como combustible para transformar el alimento en energía. Además, los animales necesitan beber agua para transportar las sustancias en el cuerpo y, al menos durante un tiempo, todos tienen la capacidad de moverse.

Los científicos clasificaron a los animales en distintos grupos con características comunes. Por ejemplo, se los puede dividir en seis grandes grupos: peces, anfibios, reptiles, aves, mamíferos e invertebrados. Dentro cada grupo, los animales se clasifican en subgrupos cada vez más reducidos, según las características que comparten, llamados *órdenes*, *familias*, *géneros* y *especies*.

Se conoce como *especie* a un grupo de animales que se parecen y se comportan de igual manera, y que pueden aparearse y reproducirse entre ellos. Por ejemplo, los humanos constituyen una especie conocida como *Homo sapiens* (que significa "hombre sabio" en latín). A su vez, los seres humanos pertenecen a la familia de los grandes simios, en el orden de los primates y se clasifican como mamíferos.

AVES

Las aves tienen un esqueleto liviano, plumas, alas y un pico sin dientes, de hueso y queratina (material que también está presente en plumas, garras, escamas y pelo). La mayoría de las aves, aunque no todas, pueden volar. Además, tienen pulmones para respirar y ponen huevos con cáscara firme en la tierra.

ANFIBIOS

Los anfibios nacen de huevos gelatinosos en agua dulce y respiran, también en el agua, mediante branquias. Sin embargo, luego de pasar por un proceso llamado *metamorfosis*, la mayoría de los anfibios desarrollan pulmones para poder respirar y vivir en la tierra. La piel de estos animales es muy delgada y está protegida por una sustancia pegajosa, parecida al moco.

PECES

Los peces son animales acuáticos que respiran mediante branquias y tienen la piel cubierta de escamas. Muchas especies tienen aletas, lo que los ayuda a desplazarse por el agua. La mayoría de los peces ponen huevos gelatinosos en el agua, mientras que algunos tienen crías vivas.

REPTILES

Estos animales tienen escamas o caparazones para proteger su piel. Los reptiles respiran mediante pulmones, y los que viven en el agua salen a respirar a la superficie. La mayoría pone huevos de cáscara firme en la tierra, mientras que otros paren crías vivas.

MAMÍFEROS

Todos los mamíferos desarrollan pelo, al menos en alguna etapa de sus vidas. Casi todos paren crías vivas, que se alimentan de leche materna. Los mamíferos tienen pulmones, por lo que los que viven en el agua salen a respirar a la superficie. Por lo general, estos animales tienen cuatro miembros que se adaptan para caminar, saltar, trepar, volar o nadar.

INVERTEBRADOS

Los invertebrados, que constituyen alrededor del 97% de los animales del planeta, no tienen columna vertebral. En cambio, presentan formas corporales variadas y distintos tipos de respiración en el agua o en el aire. Estos animales se clasifican en distintos grupos. El grupo de los insectos, entre los que se cuentan, por ejemplo, la mariposa o el escarabajo, presentan una estructura externa firme y un cuerpo dividido en tres partes con seis patas. Los cnidarios, como las medusas y los corales, poseen tentáculos punzantes. Los moluscos, como los pulpos y los caracoles, tienen un cuerpo blando, a veces protegido por un caparazón.

Hábitats

El hábitat es el hogar natural de un animal, planta u otro ser vivo. Un hábitat puede ser enorme, como una selva, o muy pequeño, como la corteza de un árbol. Cada animal está preparado para encontrar alimento, agua y refugio en su hábitat natural.

BIOMAS TERRESTRES

Un bioma es un hábitat de gran extensión, una región vasta que es el hogar de un cierto grupo de animales y plantas. Distintas regiones tienen distintos biomas, debido al clima. Por ejemplo, las áreas más cercanas al ecuador son más cálidas y húmedas que las que están en los polos del planeta.

Según el clima de la región, pueden crecer distintas plantas o, si el clima es muy frío y árido, no puede crecer ninguna. Las plantas constituyen el alimento y el hogar de muchos animales. Del mismo modo, los animales que hay en cada bioma tienen cuerpos y hábitos que se adaptan a la temperatura, la luz y el agua de su entorno.

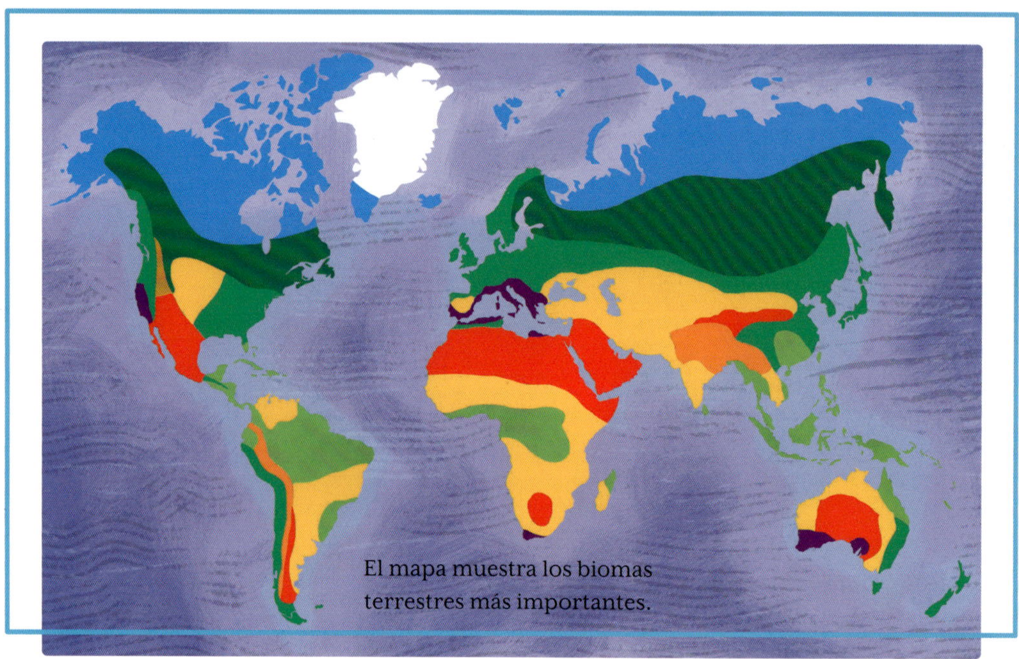

El mapa muestra los biomas terrestres más importantes.

REGIÓN POLAR	Bioma árido, cubierto de hielo, en el que las plantas no pueden sobrevivir.
TUNDRA	Bioma árido y frío, con escasa vegetación.
BOSQUE DE CONÍFERAS	Bioma frío de inviernos prolongados, donde predominan las coníferas, o árboles de hojas perennes.
MONTAÑAS	Bioma frío y ventoso.
BOSQUE TEMPLADO	Bioma con precipitaciones moderadas, en el que crece abundante vegetación.
LLANURA	Bioma con precipitaciones escasas, en el que la mayoría de las plantas son hierbas.
BOSQUE MEDITERRÁNEO	Bioma templado y algo árido y ventoso, en el que crecen mayormente arbustos.
DESIERTO	Bioma de muy escasa precipitación y temperaturas extremas, en el que muy poca vegetación puede prosperar.
SELVA	Bioma con abundante precipitación y vegetación densa.

MICROHÁBITATS

Dentro de cada bioma, existen microhábitats, o pequeños hábitats que presentan características diferentes a las del bioma. Por ejemplo, un cúmulo de hojas caídas se convierten en un microhábitat más oscuro y húmedo dentro del bosque templado, ideal para las tijeretas y las arañas. Un árbol caído, la superficie de una roca en un arroyo o un pequeño charco de agua formado por la marea son ejemplos de este tipo de hábitats.

El agua de lluvia acumulada en una bromeliácea en la selva amazónica crea un microhábitat ideal para la rana venenosa.

BIOMAS ACUÁTICOS

Alrededor del 70% de la superficie de la Tierra está cubierta de agua. El bioma marino está constituido por los mares y océanos del planeta, que representan el agua salada. A su vez, este inmenso bioma está formado por miles de hábitats de menor tamaño, con distinta cantidad de luz y calor del sol, desde los cálidos e iluminados arrecifes de coral hasta las aguas más frías y profundas del océano. Por otro lado, los biomas de agua dulce constituyen solo el 3% del agua del planeta e incluyen ríos, lagos y humedales. La variedad de animales, plantas y otros seres vivos presentes en estos hábitats depende de la temperatura, la profundidad y el flujo del agua.

Aunque representan menos del 1% del lecho marino, los arrecifes de coral son el hábitat natural del 25% de los animales del océano y albergan una gran variedad de especies.

REGIÓN POLAR

Los rayos del Sol iluminan la Tierra de manera más directa cerca del ecuador. En los polos, la misma cantidad de calor se distribuye en un área mucho más extensa, lo que hace que las regiones polares sean considerablemente más frías que las que rodean el ecuador.

La región polar se encuentra en los extremos norte y sur de la Tierra, rodeando los polos. El Polo Norte está ubicado en el océano Ártico, donde también se encuentra Groenlandia, la isla más grande del planeta; mientras que el Polo Sur está en el centro del continente antártico. El 99% de la región polar está cubierta de hielo, lo que impide que crezcan plantas. Gran parte del océano Ártico y del océano Glacial Antártico también está congelada.

Mientras que en el Polo Sur la temperatura ambiente promedio ronda los -60 °C, en el Polo Norte la temperatura suele ser de -40 °C. El hecho de que el Polo Norte sea menos frío que el Polo Sur se debe a la temperatura del océano, que nunca es menor a 2 °C. Los polos son siempre fríos pues, debido a su lejanía a la línea ecuatorial, la radiación solar que llega a estos lugares es mínima. La Tierra gira alrededor del Sol de manera inclinada, por lo que, cuando el Polo Norte se inclina hacia el Sol, es verano en esa región, y el Sol nunca se oculta completamente por seis meses. Por otro lado, cuando el Polo Norte se aleja del Sol, comienza el invierno y, durante ese tiempo, el Sol no sale completamente por sobre el horizonte. Cuando es invierno en el Polo Norte, es verano en el Polo Sur.

Pingüino emperador de la Antártida

Debido al frío extremo y a la falta de plantas para alimentarse y refugiarse, pocos animales viven en la región polar. Sin embargo, en los mares helados de la costa del océano Ártico y del océano Glacial Antártico puede encontrarse algunos animales que se alimentan en el océano. Todos los animales de esta región tienen características que los ayudan a sobrevivir en el frío extremo, como pelaje grueso, plumas o capas de grasa. Algunos osos polares aparecen solo en verano, mientras que, en invierno, migran a regiones más cálidas.

Las costas de la Antártida son visitadas por algunos animales preparados para resistir el frío, como la foca de Weddell y el petrel gigante antártico. Hay seis especies de focas que descansan y tienen sus crías en la costa antártica, en las islas de alrededor o en el mar helado. A su vez, alrededor de 46 especies de aves marinas forman sus nidos allí. Además de estos animales, en el continente pueden hallarse unos pocos invertebrados, como el mosquito antártico, que no tiene la capacidad de volar y mide solo 6 mm.

Mar helado ártico

Durante el invierno, cuando la temperatura ambiente puede descender hasta los -69 °C, la mayor parte del océano Ártico está cubierto de hielo: alrededor de 15 millones de km^2, que se reducen a 4 millones de km^2 en primavera y en verano, cuando el hielo se derrite.

El hielo, de hasta 20 m de profundidad, es el hábitat de algunos mamíferos, como las focas y las morsas. Estos mamíferos marinos, que deben respirar oxígeno del aire, también dan a luz en el hielo. Las aves marinas cazadoras se posan en el hielo marino, donde muy pocos mamíferos terrestres se aventuran en busca de alimento.

El calentamiento global ha reducido la cantidad de hielo en el océano Ártico, por lo que en verano hay 13% menos hielo que hace diez años. Como consecuencia, los animales deben nadar extensiones mayores para refugiarse, buscar alimento y dar a luz a sus crías. Además, el derretimiento del hielo interrumpió las rutas migratorias que muchos animales terrestres seguían.

MORSA

Las morsas tienen cuatro aletas y un cuerpo alargado, moldeado para moverse en el agua. Estos animales descansan en el hielo y se sumergen en el agua para atrapar almejas, caracoles y gusanos para alimentarse. Tienen colmillos alargados, que usan para subirse a los resbaladizos bloques de hielo y para hacer hoyos allí.

NARVAL

El narval es una ballena, un mamífero acuático que pasa toda su vida en el agua. Durante el invierno, estos animales buscan peces bajo el hielo y, cada 25 minutos, salen a la superficie a respirar. Los machos (y algunas hembras) tienen un colmillo alargado, de unos 3 m de largo. Probablemente, los machos los usan para atraer a las hembras.

CARIBÚ PERLADO

Este reno vive en las islas del Ártico canadiense y utiliza el hielo como puentes para desplazarse en invierno y verano entre distintas islas en las que busca su alimento. Además, recorrer las islas permite que los caribúes tengan más posibilidades de encontrar parejas para reproducirse y mantener la población de la especie.

GAVIOTA DE MARFIL

Durante el invierno, esta ave marina vive cerca de una polinia, es decir, un espacio abierto de agua rodeado de hielo marino. Desde allí, atrapa peces para alimentarse, y sigue a los osos polares para comerse sus sobras.

ZORRO ÁRTICO

Este zorro tiene un pelaje denso que cubre todo su cuerpo, incluso las almohadillas de las patas. Como es de tamaño pequeño y sus orejas y patas son cortas, tiene poca superficie corporal, lo que le permite conservar mejor el calor. Durante el invierno, el zorro ártico persigue a los osos polares para comerse los restos de sus presas.

FOCA DE GROENLANDIA

Las hembras paren un cachorro cada febrero. Los adultos tienen pelaje negro y plateado, mientras que los cachorros nacen con pelaje blanco, para camuflarse en el hielo. Las madres amamantan a los cachorros durante 12 días y luego regresan al agua a cazar. Los cachorros sobreviven gracias a su grasa corporal, hasta que pueden salir a cazar, a las cuatro semanas de edad.

Oso polar

El oso polar es el animal terrestre carnívoro de mayor tamaño, ya que puede pesar hasta 700 kg, lo que equivale a más de ocho personas adultas. Si bien estos osos nacen en tierra firme, pasan la mayor parte de su vida en el hielo del Ártico, donde cazan focas para alimentarse.

CAZADOR DE FOCAS

El oso polar usa su poderoso sentido del olfato para encontrar los agujeros que las focas hacen en el hielo para salir a respirar. Luego, espera con mucha paciencia, a veces durante horas, hasta que se asoma una foca. Con las garras afiladas de sus patas delanteras, el oso captura la foca y la arrastra hacia el hielo.

Los osos polares están bien preparados para su vida en el mar helado. Tienen patas enormes, de 30 cm de ancho, que permiten que su peso se distribuya de manera pareja y el hielo no se rompa cuando caminan. Los osos polares también usan sus patas como remos para nadar entre los bloques de hielo. Para mantener la temperatura corporal, estos animales tienen una capa de 10 cm de espesor de grasa debajo de la piel, además de un pelaje largo y pálido, para camuflarse en la nieve.

Los osos polares se alimentan frecuentemente de distintas especies de focas, a las que matan con sus fuertes mandíbulas de 42 dientes irregulares. Cuando terminan de comer, los osos polares se lavan con agua o nieve.

Las osas protegen mucho a sus cachorros de los depredadores, como los osos machos. Además, las hembras rugen con fuerza cuando ven que sus cachorros se alejan demasiado.

OSOS CACHORROS

Los osos polares, en general, viven solos. Sin embargo, los machos y las hembras se encuentran para aparearse, en los mismos lugares donde reposan las focas. Durante ese periodo, las hembras comen más de lo habitual para aumentar de peso y prepararse para el nacimiento de los cachorros. Antes de dar a luz, las hembras preparan una cueva en la nieve, para refugiar a los cachorros del viento y el frío. Una vez que los cachorros nacen (normalmente, una hembra da a luz a dos cachorros), pasan tres meses con su madre en la cueva, alimentándose de leche, mientras que la hembra sobrevive de la grasa que acumuló antes del nacimiento. Luego, cuando los cachorros pesan alrededor de 10 kg, la madre los lleva al hielo en busca de alimento. Una vez que aprenden a cazar, entre los dos y los tres años de edad, ya pueden cuidarse solos.

Oso polar

ESPECIE	*Ursus maritimus*
FAMILIA	Osos
CLASE	Mamíferos
MEDIDAS	Entre 1.8 y 3 m de largo
UBICACIÓN	Océano Ártico y costa norte de América del Norte, Europa y Asia
ALIMENTACIÓN	Focas, morsas, bueyes almizcleros, peces, aves, huevos y plantas

Pingüinos

Los pingüinos tienen alas que parecen aletas, que son aptas para nadar, pero no para volar. De las 18 especies de pingüinos que existen, todas viven en el hemisferio sur, menos el pingüino de Galápagos, que vive en el ecuador. Además, hay seis especies que pasan parte de su vida en la Antártida o sus islas cercanas.

PINGÜINO PAPÚA

Este pingüino es el nadador más veloz, ya que puede alcanzar los 36 km/h cuando se zambulle en busca de kriles. Como todos los pingüinos, los pingüinos papúa pasan la mayor parte de su vida en el agua, excepto cuando forman sus nidos. Las hembras ponen dos huevos en el césped, en el territorio más septentrional de la Antártida (conocido como *península Antártica*) o en las islas que la rodean.

PINGÜINO DE ADELIA

Durante el largo invierno en la Antártida, estos pingüinos se quedan en el mar, donde la temperatura es un poco más cálida. Cuando comienza el verano, a fines de octubre, regresan a la costa para armar sus nidos con piedras. Las hembras ponen dos huevos y luego se turnan con los machos para sentarse sobre ellos y protegerlos del frío.

PINGÜINO BARBIJO

Su nombre se debe a la delgada franja negra en la parte baja de la cabeza que lo hace ver como si llevara puesto un casco negro. Al igual que otros pingüinos, el pingüino barbijo tiene una postura erguida en la tierra, donde se desplaza lentamente sobre sus patas cortas y palmeadas. Para moverse más rápido por la nieve, estos pingüinos se acuestan boca abajo y se empujan con las patas.

PINGÜINO MACARONI

Al igual que el resto de las especies de pingüinos, los macaroni emplean una forma de camuflaje conocida como *contracoloración*. Estos pingüinos tienen el abdomen blanco y las alas y el pelaje negros. De esta manera, los depredadores no ven el color pálido del cuerpo en el agua iluminada por el sol, mientras que, visto desde arriba, el pelaje negro del pingüino se camufla con la oscuridad del fondo del océano.

Pingüino

FAMILIA	Pingüino
CLASE	Aves
MEDIDAS	Entre 0.3 y 1.1 m de altura
UBICACIÓN	Zonas costeras del hemisferio sur
ALIMENTACIÓN	Peces, kriles y calamares

PINGÜINO EMPERADOR

Estos pingüinos, que tienen gruesas capas de grasa bajo la piel y abundante plumaje, son los únicos que ponen huevos durante el frío invierno antártico, cuando las temperaturas alcanzan los -40 °C. La hembra pone un único huevo, y el macho lo balancea sobre sus pies para poder mantenerlo cálido con su piel y plumas.

PINGÜINO REY

Con casi 1 m de altura, es el segundo pingüino de mayor tamaño, después del emperador. Durante las primeras semanas de vida, los polluelos se mueven en grupos compactos, conocidos como *crèches*, en los que se amontonan para generar calor, mientras algunos adultos los cuidan. Sus padres salen a cazar al mar y regresan regularmente para alimentarlos.

TUNDRA

En la tundra, hay una capa del suelo que permanece congelada, conocida como *permafrost*. En el verano, el hielo de la capa superior del suelo se descongela, pero el permafrost, que puede llegar hasta los 680 m de profundidad, se mantiene a 0 °C.

La palabra *tundra* proviene de la palabra finesa *tunturia*, que significa "llanura sin árboles". La tundra es un bioma frío y árido, que se ubica entre la región polar y el bosque de coníferas. La mayoría de las tundras están situadas en el extremo norte, en una franja estrecha que atraviesa el norte de Asia, Europa y América del Norte. Las islas cercanas a la Antártida también se consideran tundras. Además, las tundras alpinas pertenecen a las zonas en las laderas de las montañas altas, entre las cimas nevadas y los bosques.

En la tundra, la temperatura nunca supera los 10 °C, pero hay al menos un mes con temperaturas lo suficientemente cálidas para que la nieve se derrita. Sin embargo, una capa del suelo, conocida como *permafrost*, permanece siempre congelada. Cuando la nieve se derrite en verano, el agua no puede filtrarse por el permafrost, lo que hace que el suelo sea pantanoso. En la tundra, hay pocas lluvias y nevadas, porque el aire frío no puede sostener suficiente humedad. Además, debido a las bajas temperaturas y los veranos cortos, no crecen árboles en la región. Como los árboles tienen raíces profundas, no podrían atravesar el permafrost para sobrevivir. Por eso, en la tundra hay plantas bajas y resistentes, como arbustos, musgos y pastizales.

La mariposa azul del Ártico se encuentra en el norte de América del Norte, Europa y Asia.

En cuanto a los animales, los que viven en la tundra tienen el desafío de sobrevivir al invierno y reproducirse durante el breve verano. En este bioma, hay muy pocos anfibios y reptiles, porque son animales de sangre fría que no pueden mantener la temperatura de su propio cuerpo. Por el contrario, abundan los mamíferos, ya que pueden mantenerse cálidos gracias a su grasa y su pelaje. Algunos mamíferos migran a regiones más cálidas durante el invierno, mientras que otros hibernan en madrigueras. En verano, muchos pájaros llegan a la región para anidar y alimentarse de plantas e insectos que proliferan cuando sube la temperatura.

En la península de Kola, en Rusia, hay mamíferos carnívoros como el glotón o el oso pardo que, si bien suelen alimentarse de bayas silvestres, raíces y semillas, no dudan en cazar alguna perdiz nival (la única ave que vive en la tundra durante todo el año) que encuentren en el camino. Las plumas de esta perdiz son blancas durante el invierno, pero cambian a color marrón durante la primavera y el verano para camuflarse con el paisaje.

Tundra canadiense

Canadá tiene alrededor de 1,4 millones de km^2 de tundra ártica, que se ubica mayormente por encima del círculo polar ártico, a unos 2600 km del Polo Norte, donde el sol permanece bajo el horizonte durante 24 horas continuas al menos una vez al año.

Cuando se derrite la nieve en mayo o junio, las plantas de la tundra (musgos, juncias y hierbas de algodón, entre otras) pueden crecer y florecer. Al igual que todas las plantas, fabrican su propio alimento con la luz del sol, que deben aprovechar durante los 50 a 60 días de verano, cuando la temperatura no suele bajar de los 3 ºC.

El suelo y las rocas se cubren de líquenes, que son el resultado de la simbiosis de algas y hongos y adoptan distintas formas (algunos parecen hojas, mientras que otros son peludos o más rígidos, como costras). Estas plantas y líquenes son el alimento de muchos animales, desde bueyes hasta abejorros que, a su vez, son las presas de otros animales carnívoros.

LIEBRE ÁRTICA

Esta liebre mide hasta 70 cm de largo y puede saltar a 60 km/h con sus fuertes y largas patas traseras. En la tundra antártica, su pelaje cambia de color y pasa de ser blanca a marrón en el verano; sin embargo, en el extremo norte, donde los veranos duran menos, el pelaje de la liebre es siempre blanco.

ABEJORRO DEL ÁRTICO

Este insecto se aloja en la corona de las amapolas árticas, que le transmiten el calor del sol. En cada colonia de abejas, solo la reina sobrevive el invierno, durante el cual hiberna en la madriguera de algún mamífero, y luego pone huevos en primavera.

LOBO ÁRTICO

Este lobo, que solo se encuentra en las islas del extremo norte de Canadá, caza bueyes y liebres para alimentarse. Cuando nieva en verano y disminuyen las poblaciones de sus presas herbívoras, los lobos también se van.

BUEY ALMIZCLERO

El nombre de estos mamíferos de pelaje largo y grueso proviene del olor a almizcle que segregan los machos para atraer a las hembras. El buey almizclero se alimenta de líquenes, pastizales y musgo, que desentierra de la nieve con sus pezuñas.

ARMIÑO

Este mamífero, al igual que el glotón, pertenece a la familia de los mustélidos. Tiene dientes afilados y se alimenta de otros mamíferos pequeños, aves y huevos. Durante el verano, el armiño de la tundra tiene pelaje marrón, que pierde antes del invierno y vuelve a crecer, pero de color blanco y más abundante.

GANSO DE CANADÁ

Este ganso anida en la tundra durante el verano, pero vuela hacia el sur en el invierno. La hembra pone sus huevos cerca del agua, en un hueco que luego cubre con plantas y plumas. Estos gansos se alimentan de plantas acuáticas, que encuentran al sumergir la cabeza y el cuello en el agua.

Búho nival

Este búho es el ave de rapiña más grande de la tundra septentrional. La mayoría de sus plumas son blancas, para camuflarse en la nieve. Como todas las aves de rapiña, el búho nival caza animales relativamente grandes, con la ayuda de su pico y sus garras filosas en forma de gancho.

UN CAZADOR HABILIDOSO

El búho nival se posa sobre una roca o montículo y, desde allí, busca sus presas. Al igual que todos los búhos, puede girar la cabeza a 270 grados, para poder observar todo a su alrededor e identificar más fácilmente de dónde provienen los sonidos. Cuando el búho detecta el sonido de un animal pequeño (por lo general, roedores, como leminos, ratones o topillos), vuela rápidamente hacia su presa y se abalanza sobre ella, clavándole las garras hasta matarla. Los jugos estomacales digieren la carne, mientras que los huesos, dientes, pelaje y plumas no digeribles se compactan y son regurgitados entre 18 y 24 horas después de haber comido.

LA VIDA EN LA TUNDRA

El búho nival puede soportar temperaturas muy bajas, de hasta -62 °C, gracias a su plumaje denso, que se divide en una gruesa capa de plumas inferiores, suaves y mullidas, y una capa externa de plumas más resistentes y que usa para volar. Además, las plumas de las patas son más largas que las de los otros búhos. Cuando hay tormentas, el búho nival suele refugiarse tras las rocas. Si bien la mayoría de los búhos cazan de noche, el búho nival lo hace por periodos cortos, tanto en el día como en la noche, ya que debe sobrevivir a las largas noches invernales y a los interminables días de verano.

Cuando el clima es más cálido, en mayo y principios de junio, las hembras ponen entre 7 y 9 huevos en los terrenos más altos de la tundra. Luego, durante aproximadamente un mes, las hembras se sientan sobre los huevos para mantenerlos cálidos, mientras que los machos les traen alimento. Los pichones recién nacidos no pueden ver y son alimentados por los padres. Hacia fines de septiembre, cuando la tundra se va cubriendo de hielo, los pichones ya pueden buscar su propio alimento, justo a tiempo para volar hacia el sur y esquivar el invierno. Sin embargo, varios búhos adultos, en especial los más viejos y los de mayor tamaño, se quedan en el norte durante todo el año.

Las plumas del búho nival tienen los bordes desflecados. Esto le permite abalanzarse sobre sus presas sin hacer ruido.

Búho nival

ESPECIE	*Bubo scandiacus*
FAMILIA	Estrígidos
CLASE	Aves
TAMAÑO	Entre 52 y 71 cm de largo
DISTRIBUCIÓN	Extremo norte de América del Norte, Europa y Asia
ALIMENTACIÓN	Mamíferos pequeños y aves

A diferencia de los adultos, los pichones de búho nival tienen plumas marrones, que les permiten esconderse entre los líquenes y las rocas.

Mariposas y polillas

Cuando son adultos, estos insectos tienen, por lo general, cuatro alas. Sin embargo, las mariposas y polillas jóvenes, u orugas, no tienen alas hasta que atraviesan una serie de cambios, en un proceso que se conoce como *metamorfosis*. Si bien las mariposas y las polillas son parecidas, las mariposas tienen antenas en forma de bastoncillos.

POLILLA DEL OSO LANUDO DEL ÁRTICO

Mientras que la mayoría de las mariposas y las polillas solo son orugas durante unas pocas semanas, esta polilla pasa siete años en esa etapa, debido a los largos inviernos, durante los cuales no puede crecer ni alimentarse. Como oruga, puede sobrevivir a temperaturas de hasta -70 °C, en un estado de inactividad llamado *diapausa*, dentro de un capullo de seda que teje con otra oruga, hasta que, en un último verano, emerge como polilla.

MARIPOSA AZUL DEL ÁRTICO

Las mariposas azules que viven en el extremo norte tienen alas más oscuras que las que viven en el sur. Como la mayoría de las mariposas, suelen reposar con las alas abiertas, para calentarse con la luz del sol. Las alas más oscuras pueden absorber más calor que las más pálidas.

MARIPOSA ESPEJITOS

Las hembras de esta especie viven solo lo suficiente para aparearse y poner huevos en las hojas de los sauces enanos y los brezos blancos, que luego las orugas usarán para alimentarse gracias a sus fuertes mandíbulas. Las mariposas adultas tienen un orificio tubular llamado *probóscide*, con el que extraen néctar de las flores.

MARIPOSA APOLO

Esta mariposa tiene manchas en las alas que parecen ojos, conocidas como *ocelli*, que cumplen la función de atraer una pareja. Mientras más llamativas sean las manchas, más parejas atraen. Además, estas *ocelli* espantan a los depredadores, porque simulan ser los ojos de animales de mayor tamaño.

POLILLA TIGRE ISABELLA

Al igual que la mayoría de las polillas y mariposas de la tundra, esta polilla pasa el invierno como oruga. Al entrar en diapausa, el corazón deja de latir y el cuerpo se congela; sin embargo, la polilla sobrevive porque fabrica una sustancia crioprotectora que impide que los tejidos se dañen al congelarse.

MARIPOSA AMARILLA NUBLADA

Estas mariposas solo vuelan durante los meses de verano, desde junio a agosto, para alimentarse del néctar de las flores de las plantas del Ártico, como los sauces. Mientras se alimentan, las mariposas transportan polen de flor en flor, lo que les permite a las plantas generar nuevas semillas.

Mariposas y polillas

ORDEN	Mariposas y polillas
CLASE	Insectos
TAMAÑO	Entre 1,2 y 28 cm de envergadura
DISTRIBUCIÓN	Todos los continentes, menos la Antártida, y todas las regiones, excepto la polar
ALIMENTACIÓN	En la adultez, se alimentan de néctar, savia y estiércol; las orugas comen hojas y tallos.

BOSQUE DE CONÍFERAS

Las coníferas tienen conos masculinos y femeninos. Los conos masculinos producen el polen, que, luego, el viento y los insectos transportan hacia los conos femeninos, que producen las semillas. Cuando las semillas están maduras, los conos femeninos se abren para que el viento las pueda diseminar.

Ubicados entre la tundra, al norte, y los bosques caducifolios, al sur, la mayoría de los bosques de coníferas del planeta se extienden en una franja en el norte de América del Norte, Europa y Asia. En Europa y en Asia, estos bosques se conocen, a menudo, como *taigas*, mientras que en América del Norte se los llama *bosques boreales*. Estas regiones están llenas de árboles coníferos, como pinos y abetos que, en lugar de producir las semillas en flores, lo hacen en conos de madera. Los árboles coníferos tienen hojas en forma de agujas o de escamas, resistentes y compactas, que no son dañadas por el frío y permanecen en las ramas durante todo el año. Por eso, los árboles coníferos son especies que se mantienen "siempre verdes".

En este bioma, los inviernos son prolongados, fríos (la temperatura promedio es de -20 °C) y con abundantes nevadas. Sin embargo, durante cuatro meses al año, no hay hielo, lo que hace que las plantas puedan crecer sin congelarse. En el verano, la temperatura promedio es de 15 °C, mientras que las precipitaciones suelen ser abundantes (de 30 a 90 cm al año), lo que también favorece el desarrollo de las plantas. Además, algunos arbustos, pastizales y flores crecen debajo de los árboles, aunque en esta región el suelo no es muy fértil.

En cuanto a la fauna, si bien en los bosques de coníferas hay más animales que en la región polar y la tundra, hay muchos menos que en los bosques más cálidos. La mayoría de los animales viven en los árboles, o cazan a los que allí viven. En cada rincón de estos bosques pueden encontrarse distintas especies, desde aves y arañas, hasta mamíferos que cuelgan de las ramas, o lombrices y tijeretas en la tierra. Si bien el clima en este bioma es demasiado frío para los reptiles y anfibios, existen algunas especies resistentes que lo habitan.

La ardilla de Siberia vive en el Norte de Asia.

En el bosque boreal de Alaska, en los Estados Unidos, el carbonero de capucha negra almacena semillas durante el verano para tener alimento en el invierno, cuando se refugia en el agujero de un árbol. Otro animal que se refugia en los árboles durante el día es el pequeño murciélago café, que luego sale a cazar insectos por la noche. En invierno, este murciélago se reúne con otros murciélagos para hibernar.
El alce de Alaska, otro animal que habita esta región, permanece activo todo el año, gracias a sus 2,1 m de altura y su piel gruesa y resistente.

Taiga de Siberia

La taiga cubre 5,5 millones de km^2 de la región de Siberia, en Rusia, donde la temperatura varía de -65 ºC en invierno a 20 ºC en verano. En este ecosistema, los árboles coníferos, como los alerces, los abetos y los pinos, pueden alcanzar los 50 m de altura.

La mayoría de los animales de la taiga tienen una capa gruesa de pelo o plumas, que funciona como aislante, para mantenerse cálidos en el invierno y frescos en el verano. Por otro lado, los animales más pequeños se protegen del frío buscando hábitats para refugiarse, como el hueco de un árbol o un pozo en la nieve. Las aves de la taiga evitan el invierno migrando hacia el sur, mientras que varios mamíferos hibernan en madrigueras, donde duermen tan profundamente que pueden llegar a no necesitar comida. Por su parte, los insectos y unos pocos reptiles y anfibios congelan su cuerpo para preservarlo hasta la llegada de la primavera.

LINCE BOREAL

Este felino salvaje puede medir hasta 1,3 m de largo y tiene patas peludas, con pequeñas membranas entre los dedos, que lo ayudan a distribuir su peso y moverse en la nieve. Se alimenta de conejos, roedores, zorros y ciervos.

SALAMANDRA SIBERIANA

Este anfibio permanece inmóvil durante el invierno, escondido entre el musgo, mediante un proceso de hibernación. Si bien su corazón deja de latir, los tejidos no se dañan, debido a unos químicos especiales que tiene en la sangre.

CASCANUECES COMÚN

Este pájaro usa su pico largo y puntiagudo para abrir las piñas de los pinos y sacar las semillas. Luego, las sostiene con su lengua fibrosa y bifurcada, y las parte con el pico.

CIERVO ALMIZCLERO SIBERIANO

A diferencia de otros ciervos machos, que tienen grandes cuernos para atraer a las hembras, estos ciervos se distinguen por sus largos colmillos. Además, segregan un líquido de olor fuerte que frotan en las ramas para marcar su territorio.

TIGRE SIBERIANO

Camuflado con sus rayas entre los árboles, el tigre siberiano observa a sus presas, entre las que se incluyen los ciervos, jabalíes y alces, hasta que se acerca lo suficiente para atacarlas. Entonces, toma a la presa por el cuello y la desgarra con sus filosos dientes, que pueden medir hasta 7,5 cm.

LAGARTIJA VIVÍPARA

Este reptil es el más septentrional de todos y, además, no pone huevos. Por el contrario, tiene crías vivas, que cuentan con más posibilidades de sobrevivir al frío que los huevos. En invierno, esta lagartija hiberna debajo de un tronco, mientras que en el verano reposa al sol.

Lobo del Mackenzie

Este lobo de América del Norte corre rápidamente por la nieve con sus largas patas. En invierno, su pelaje es mullido y abundante, pero, en verano, su pelaje se reduce. Para protegerse del frío, este animal coloca la nariz entre las patas traseras y se cubre el rostro con la cola peluda.

UN PERRO FAMILIAR

Este lobo, que puede alcanzar los 72 kg, pertenece a la subespecie más grande de los lobos que, a su vez, corresponde a la especie de perros de mayor tamaño. Esta familia incluye zorros, coyotes, chacales y perros domésticos, que descienden de los lobos salvajes, domesticados por primera vez hace alrededor de 15 mil años.

Los lobos son animales sociales, por lo que suelen vivir en grupos, conocidos como *manadas*. Una manada tiene alrededor de ocho miembros (en general, una pareja de macho y hembra con sus cachorros), que se comunican entre sí mediante gemidos, aullidos y gruñidos. Además, demuestran agresión o cercanía con su lenguaje corporal. Por ejemplo, lamerse o frotar las mejillas demuestra cercanía. Si un macho adulto enseña los dientes, adopta una postura erguida o eleva los pelos del cuello, está demostrando que quiere dominar a otros.

CAZADOR NOCTURNO

Estos lobos suelen salir a cazar cuando oscurece y recorren hasta 95 km en una noche siguiendo el rastro de sus presas con su poderoso sentido del olfato. En invierno, cuando las presas escasean, los lobos salen a cazar en manada, para poder atrapar presas más grandes, como alces. En cambio, en verano, los lobos salen solos de cacería y acechan pacientemente a presas más pequeñas, como los roedores, que atrapan en un instante con sus afilados dientes de hasta 6 cm de largo. Cuando cazan presas grandes con pezuñas duras, los lobos corren el riesgo de lastimarse. Por este motivo, si logra morder a su presa, un lobo puede retirarse a un lugar seguro y esperar a que el animal se debilite antes de regresar para matarlo.

Lobo del Mackenzie

SUBESPECIE	*Canis lupus occidentalis*
FAMILIA	Cánidos
CLASE	Mamíferos
TAMAÑO	Entre 1.6 y 2.1 m de largo
DISTRIBUCIÓN	Noroeste de América del Norte, desde Alaska hasta Wyoming
ALIMENTACIÓN	Alces, bisontes, caribúes, liebres americanas, leminos, topillos y ardillas

Los cachorros suelen jugar a las peleas, sin lastimarse. Esto les permite adquirir habilidades que luego necesitarán en su vida adulta, para atrapar presas y defenderse.

El lobo del Mackenzie puede alcanzar una velocidad de 64 km/h cuando corre tras las presas, como las liebres americanas, cuyas patas traseras son anchas, para evitar hundirse en la nieve.

Roedores

Los bosques de coníferas son el hábitat natural de un gran número de roedores que tienen garras pequeñas y filosas para poder trepar los árboles con facilidad. Estos mamíferos poseen, además, dientes frontales muy filosos, que crecen continuamente, porque se desgastan cuando los usan para masticar y cavar. Existen 4000 especies de mamíferos, de las cuales 1500 son roedores.

ARDILLA VOLADORA DEL NORTE

Estos roedores pueden deslizarse de ramas más altas a otras más bajas en los árboles, gracias a una gruesa membrana, conocida como *patagium*, que une las patas delanteras con las traseras. La ardilla despliega sus miembros y planea como si fuera un paracaídas. De esta manera, puede llegar a desplazarse más de 45 m.

ARDILLA ROJA

Esta ardilla usa su larga cola para mantener el equilibrio al saltar de rama en rama. Lamentablemente, en algunas regiones de Gran Bretaña, Irlanda e Italia, la ardilla roja ha sido desplazada por la ardilla gris del este, que los seres humanos llevaron desde América del Norte. Como las ardillas grises son de mayor tamaño y transmiten enfermedades que son mortales para las ardillas rojas, estas últimas se encuentran bajo amenaza de extinción.

PUERCOESPÍN NORTEAMERICANO

Un puercoespín tiene 30 mil púas (pelos duros y gruesos que se convierten en espinas filosas) que crecen sobre su piel, rostro, abdomen y pies. Cuando están bajo amenaza, estos animales levantan las púas para herir a sus atacantes e inmovilizarlos, lo que les permite huir.

TOPILLO DE LOMO ROJO

Como muchos otros roedores, el topillo se camufla entre los árboles, las rocas y el suelo, gracias a su pelaje marrón manchado. Este animal anida en una madriguera o debajo de las rocas, pero, en invierno, se mantiene activo construyendo túneles por debajo de la nieve para protegerse del frío y de los depredadores, como los zorros.

RATÓN CIERVO

Este ratón forma su nido con pasto y musgo en árboles huecos de gran altura en los bosques de América del Norte. Por las noches, cuando todo está en calma, sale a buscar semillas, hojas, arañas y orugas. En invierno, el ratón ciervo comparte su nido con otros diez ratones.

ARDILLA DE SIBERIA

Esta ardilla pasa el invierno en madrigueras subterráneas, donde almacena entre 3 y 4 kg de semillas, que transporta en bolsas que tiene en las mejillas. Sorprendentemente, cuando estas bolsas se llenan, pueden igualar el tamaño del roedor. Las madrigueras de estos roedores, en las que, por lo general, se alojan dos de ellos, miden hasta 2,5 m y tienen compartimentos separados para almacenar comida y para deshechos.

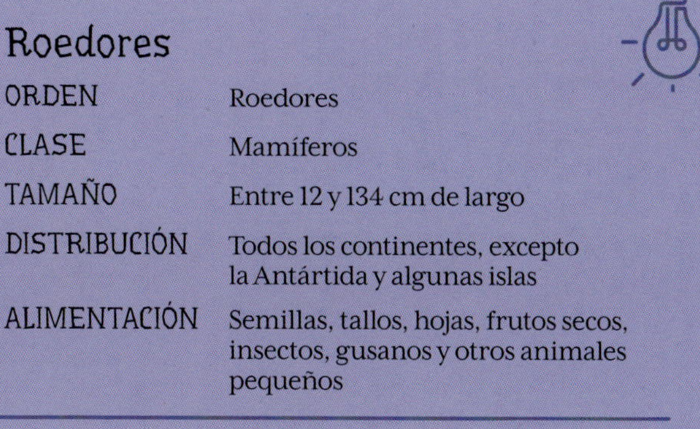

Roedores

ORDEN	Roedores
CLASE	Mamíferos
TAMAÑO	Entre 12 y 134 cm de largo
DISTRIBUCIÓN	Todos los continentes, excepto la Antártida y algunas islas
ALIMENTACIÓN	Semillas, tallos, hojas, frutos secos, insectos, gusanos y otros animales pequeños

MONTAÑAS

Los árboles de coníferas crecen en la zona montañosa, donde pueden resistir el clima frío y ventoso. Por encima de estos árboles, en la zona alpina, solo hay musgo, líquenes y piedras, mientras que en la cima solo hay nieve y hielo.

La vida en la montaña es muy diferente a la vida en los valles que están debajo. Cuando subimos una montaña, nos alejamos del mar y el aire se vuelve más difícil de respirar, porque hay menos gravedad (la fuerza que atrae el aire hacia el centro de la Tierra). El aire en la montaña es más frío y más seco, por lo que la temperatura es más baja y hay menos precipitaciones. Además, como las montañas están expuestas, el clima suele ser muy ventoso.

Hay diferentes comunidades de plantas que viven en alturas diferentes en las montañas. Por ejemplo, las laderas más bajas de las montañas están, a menudo, cubiertas de bosques. Esta zona, conocida como *región montañosa*, termina donde se acaban los árboles, ya que, más arriba, hace demasiado frío para que los árboles puedan sobrevivir. La altura del límite de árboles de una montaña depende de la distancia en la que se encuentre respecto al ecuador, pero varía entre los 3500 m cerca del ecuador y los 500 m en el norte de Europa. Por encima de este límite, se encuentra la zona alpina; allí las plantas son pequeñas y bajas, aferradas al suelo para sobrevivir al viento y al frío. En la parte más alta de la montaña, las laderas están permanentemente cubiertas de nieve, lo que hace que muy pocas plantas puedan sobrevivir. La planta más alta de todas es un tipo de musgo que vive a 6480 m de altura en el monte Everest, la montaña más alta del mundo.

El marjor es un animal que vive en las alturas en la cordillera del Karakórum y en la del Himalaya, en Asia.

Los animales que viven en las montañas tienen ciertas características y comportamientos que les permiten sobrevivir al clima frío y ventoso. Por ejemplo, varios de ellos tienen gruesas capas de pelo o plumas, que funcionan como aislantes. Además, estos animales tienen patas, orejas y colas más cortas, lo que equivale a una menor superficie corporal por la cual perder el calor. Varios de estos animales hibernan o emigran a regiones más cálidas en invierno, mientras que otros tienen pulmones más grandes, lo que les permite inhalar más oxígeno.

En las montañas del Himalaya, vive el leopardo de las nieves, que tiene orejas pequeñas, patas anchas para no hundirse en la nieve, y una cola larga y flexible para mantener el equilibrio al saltar. El yak silvestre, con sus 2 m de altura, es uno de los pocos mamíferos que el leopardo no puede matar. Mientras tanto, posado sobre un peñón a 5500 m de altura, el buitre del Himalaya no despega la mirada del leopardo, con la esperanza de poder comer sus sobras.

Los Andes

La cordillera de los Andes se extiende a lo largo del oeste de América del Sur y tiene una extensión de 7000 km. En los Andes centrales, se encuentra el Altiplano (que significa "meseta elevada"), una vasta región de tierra plana sin vegetación, que alcanza una altura de 3750 m.

La mayoría de las plantas del altiplano son pastos y arbustos bajos, que no les permiten a los animales refugiarse del calor o del frío. Allí, enfrentan temperaturas extremas, que pueden oscilar entre 24 °C durante el día en verano y -20 °C en las noches de invierno. Algunos animales se refugian en madrigueras o debajo de las rocas, o buscan el abrigo del sol. Los mamíferos del altiplano han evolucionado de manera tal que sus corazones se volvieron fuertes y han desarrollado una mayor cantidad de glóbulos rojos en la sangre para que el oxígeno les llegue a todas las partes del cuerpo. Sin embargo, los animales que más abundan en esta región son las aves, cuyos pulmones pueden extraer más oxígeno del aire que los de los mamíferos.

ÑANDÚ DE MAGALLANES

El ñandú pertenece a la familia de los avestruces y los emúes y, al igual que ellos, es un ave no voladora. Este animal puede alcanzar el metro de altura y usa sus patas largas para escapar (a una velocidad de 60 km/h) de los depredadores, como el gato andino.

CUY SILVESTRE

Este conejillo de indias salvaje es el ancestro de los que adoptamos como mascotas. El cuy se refugia de las temperaturas extremas y de los depredadores abriéndose paso por el césped, donde permanece oculto y aprovecha para alimentarse de hojas y frutos.

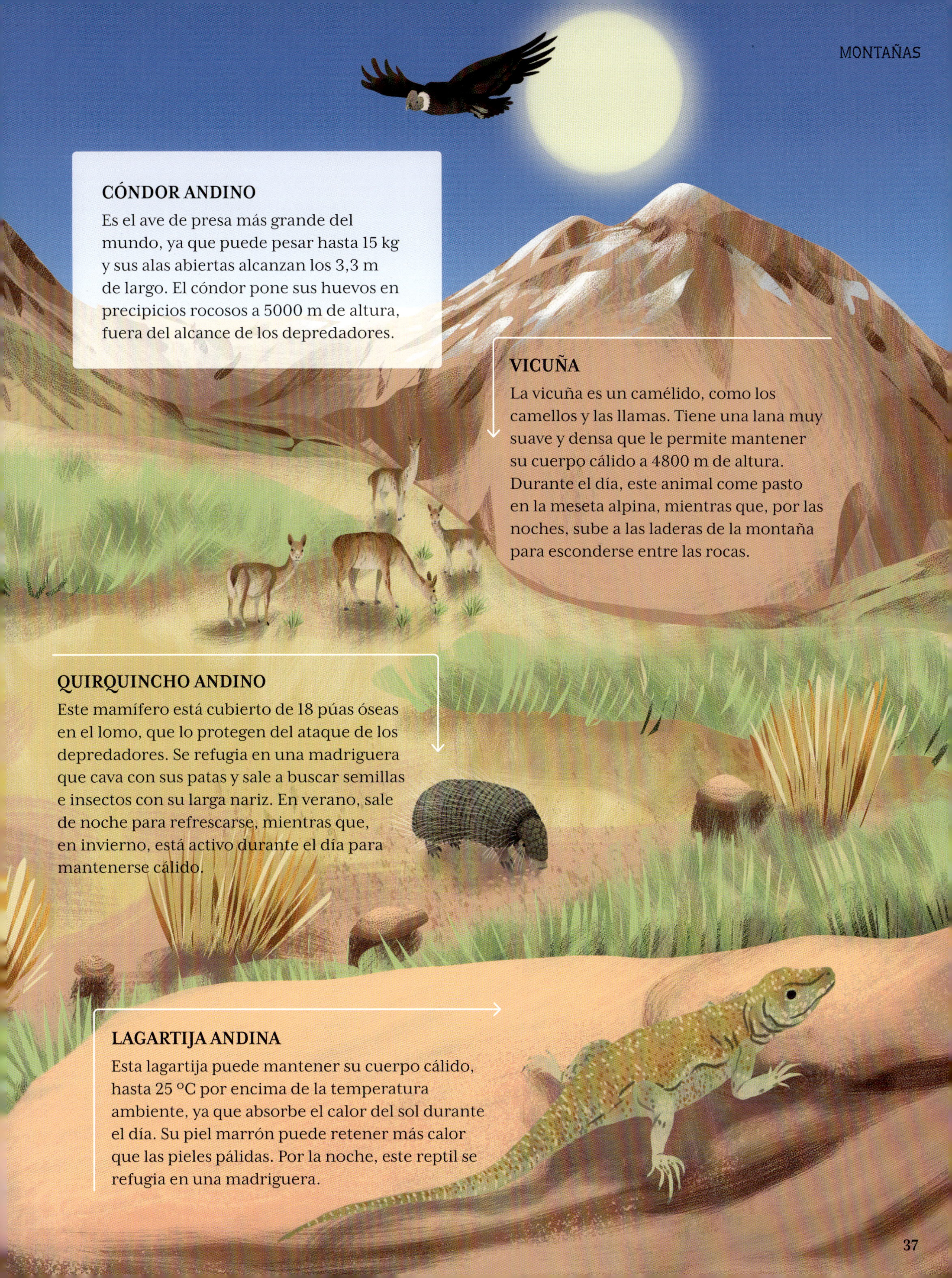

CÓNDOR ANDINO

Es el ave de presa más grande del mundo, ya que puede pesar hasta 15 kg y sus alas abiertas alcanzan los 3,3 m de largo. El cóndor pone sus huevos en precipicios rocosos a 5000 m de altura, fuera del alcance de los depredadores.

VICUÑA

La vicuña es un camélido, como los camellos y las llamas. Tiene una lana muy suave y densa que le permite mantener su cuerpo cálido a 4800 m de altura. Durante el día, este animal come pasto en la meseta alpina, mientras que, por las noches, sube a las laderas de la montaña para esconderse entre las rocas.

QUIRQUINCHO ANDINO

Este mamífero está cubierto de 18 púas óseas en el lomo, que lo protegen del ataque de los depredadores. Se refugia en una madriguera que cava con sus patas y sale a buscar semillas e insectos con su larga nariz. En verano, sale de noche para refrescarse, mientras que, en invierno, está activo durante el día para mantenerse cálido.

LAGARTIJA ANDINA

Esta lagartija puede mantener su cuerpo cálido, hasta 25 °C por encima de la temperatura ambiente, ya que absorbe el calor del sol durante el día. Su piel marrón puede retener más calor que las pieles pálidas. Por la noche, este reptil se refugia en una madriguera.

Panda rojo

Este animal vive en la cordillera del Himalaya, en bosques que se ubican entre 2000 y 4300 m de altura, y se alimenta, principalmente, de hojas de bambú, una planta que tiene tallos altos, gruesos y huecos.

DOS PANDAS

El panda rojo comparte su comida preferida, el bambú, con el panda gigante. Las patas de los pandas tienen 5 "dedos" hacia adelante y un "pulgar", o una prolongación del hueso de la muñeca, para tomar las hojas de bambú y trepar árboles fácilmente.

Se cree que la palabra "panda" proviene de *paũjā*, o "pata" en nepalés. Si bien son muy parecidos, el panda rojo y el panda gigante no tienen un vínculo muy cercano, ya que, mientras que el panda gigante es un oso, el panda rojo, por otro lado, está más emparentado con los mustélidos, como los mapaches y las comadrejas. Aunque ambos viven en las mismas regiones de China, no compiten por las mismas plantas de bambú. El panda gigante, que es de mayor tamaño que el panda rojo, puede llegar a medir 1,9 m de alto y, generalmente, habita en las zonas más bajas de las montañas, donde las plantas de bambú son más escasas. Por el contrario, el panda rojo prefiere las laderas más empinadas, donde encuentra grandes cantidades de bambú y puede esconderse de los depredadores, como el leopardo de las nieves.

SOBRE LOS ÁRBOLES

El panda rojo comienza a comer cuando cae el sol. Durante el día, reposa sobre las ramas de los árboles y, en verano, se balancea allí para tomar aire fresco. En invierno, en cambio, con temperaturas bajo cero, este panda se enrolla sobre sí mismo y se cubre el rostro con su abultada cola. Para trepar árboles, este animal cuenta con garras curvas, que se aferran con fuerza al tronco. El pelaje rojizo, blanco y negro del panda rojo le permite camuflarse con los colores de la corteza de los árboles y los tallos de bambú. Por ejemplo, el color rojizo de su pelaje se asemeja al color del musgo rojo y los líquenes que cubren algunos árboles. Además, el pelaje de estos pandas es impermeable, mullido y abrigado para el invierno.

Panda rojo

ESPECIE	*Ailurus fulgens*
FAMILIA	Ailúridos
CLASE	Mamíferos
TAMAÑO	Entre 79 y 112 cm de largo
DISTRIBUCIÓN	Este de la cordillera del Himalaya, en Asia
ALIMENTACIÓN	Hojas y brotes de bambú, frutos, huevos de aves, insectos y lagartijas

El panda gigante usa su pelaje blanco y negro para camuflarse entre la nieve y los tallos de bambú. Al igual que el panda rojo, se encuentra bajo amenaza, debido a la destrucción de los bosques, su hábitat natural.

El panda rojo pasa alrededor de 12 horas diarias descansando o durmiendo. Los adultos viven solos, excepto durante la temporada de apareamiento.

Bóvidos

Estos mamíferos herbívoros tienen pezuñas que se dividen en dos dedos. La mayoría de los machos y un gran número de hembras tienen cuernos. Tanto los cuernos como las pezuñas están cubiertos de queratina, un material resistente que también conforma las uñas y el cabello de los seres humanos. Los bóvidos salvajes viven en las montañas o en otros hábitats extremos, como la tundra, donde hay pocos depredadores.

TAKÍN

Este bóvido asiático de gran tamaño puede alcanzar un peso de 350 kg. Mientras que las hembras y los jóvenes viven en manada, los machos suelen ser solitarios, excepto cuando llega el momento de aparearse. Cuando se sienten amenazados por la cercanía de osos o lobos, los takines emiten un sonido parecido a la tos, como llamada de alarma, antes de esconderse en matorrales de bambú.

MUFLÓN

Se cree que las ovejas de granja descienden de estos animales, que fueron domesticados por primera vez hace 10 000 años en Asia. Los machos se pelean por las hembras, pero luego suelen pastar juntos; el perdedor lame el cuello del ganador, como señal de amistad.

TAR DEL HIMALAYA

Este animal tiene cuernos curvados hacia atrás, para evitar heridas durante los enfrentamientos. Durante la temporada de apareamiento, los machos compiten entre sí para aparearse con la mayor cantidad de hembras. Los tares tienen pezuñas que parecen engomadas, lo que les permite sostenerse mejor entre las rocas.

REBECO

En la región montañosa de Europa y Asia occidental, este animal se alimenta, en verano, de césped y flores que encuentra por encima del límite de árboles, mientras que, en invierno, desciende hasta los bosques de coníferas para comer las cortezas y hojas de los árboles. Para escapar de los depredadores, el rebeco salta de roca en roca, elevándose hasta 2 m de altura, o cubriendo distancias de hasta 6 m de largo.

ANTÍLOPE TIBETANO

Este bóvido vive en zonas que alcanzan entre 3250 y 5500 m de altura en la meseta tibetana, una vasta región de tierra plana en las alturas en Asia. Para mantenerse cálido, el antílope tibetano tiene una gruesa capa de pelaje suave, mientras que, para lidiar con la falta de aire, cuenta con células sanguíneas preparadas para transportar oxígeno a todo el cuerpo.

MARJOR

Este animal está emparentado con las cabras domésticas, que, a su vez, descienden de las primeras cabras salvajes, capturadas hace alrededor de 10 000 años. El marjor vive en las montañas del Himalaya y del Karakórum, en Asia. Su pelaje, que se mantiene corto durante el verano, crece considerablemente en invierno.

Bóvidos

SUBFAMILIA	Bóvidos
CLASE	Mamíferos
TAMAÑO	Entre 1 y 2,5 m de largo
DISTRIBUCIÓN	Región montañosa, tundras y desiertos de América del Norte, Europa, África y Asia
ALIMENTACIÓN	Pastizales, arbustos, ramas, frutos, nueces y musgo

BOSQUE TEMPLADO

La mayoría de las plantas son verdes porque contienen una sustancia química llamada *clorofila*. Esta sustancia absorbe la luz del sol, que la planta utiliza, junto con el agua y el dióxido de carbono (un gas presente en el aire), como forma de energía para fabricar azúcar y oxígeno. Mientras que el azúcar se convierte en el alimento de la planta, el oxígeno es liberado. Las hojas de los árboles caducifolios suelen volverse amarillas o rojizas antes de caer, ya que pierden la clorofila.

Estos bosques se ubican en regiones templadas, entre la zona polar y la zona tropical, en dos bandas de entre 2600 a 7500 km de extensión, al norte y al sur del ecuador. En estas regiones, el verano es cálido y el invierno es fresco. El tipo y la cantidad de árboles que se encuentran en cada bosque depende de las precipitaciones y la temperatura. En un bosque templado, los árboles están más separados que en otros tipos de bosques.

Los bosques caducifolios están ubicados en las zonas templadas de América del Norte, Europa y Asia oriental. Son zonas con precipitaciones moderadas y temperaturas bajo cero en invierno. Los árboles caducifolios pierden sus hojas antes del invierno: el frío daña las hojas chatas y anchas, por lo que las descartan para ahorrar energía. Este tipo de árboles, llamados *árboles planifolios*, por las características de sus hojas, incluye los arces, hayas y castaños. En las regiones más cálidas del sur de Europa y Australia, puede encontrarse árboles planifolios perennes, como los olivos, alcornoques y eucaliptos, que no pierden todas sus hojas a la vez.

Una gran variedad de animales (anfibios, reptiles, aves y mamíferos) viven en los bosques templados. La mayoría encuentra su alimento en los árboles y

Carpintero bellotero del sudoeste de América del Norte

comen hojas, frutos, nueces, corteza y savia. Además de escapar de sus depredadores, que incluyen desde osos a arañas, en los bosques caducifolios los animales deben sobrevivir al frío y a las dificultades para encontrar refugio cuando los árboles pierden las hojas. Por otro lado, en los bosques perennes secos y cálidos, los animales tienen que escapar de los incendios forestales que suelen suceder en verano.

En el bosque de *Białowieża*, ubicado en Polonia y Bielorrusia, hay árboles caducifolios y coníferas. El bisonte europeo es el mamífero de mayor tamaño (llega a pesar 1200 kg) que habita esa región, además del jabalí, que se alimenta de raíces, frutos, hongos e invertebrados. Este bosque también está habitado por una gran cantidad de hormigas rojas de la madera, que construyen sus hormigueros con una altura de 1,4 m, fuera del alcance de las ramas y las agujas de los pinos.

Bosque de eucaliptos

Este bosque, ubicado en Australia, ocupa un área de aproximadamente 1 millón de km^2 y alberga más de 700 especies de eucaliptos, en su mayoría perennes, como el eucalipto rojo o el fresno plateado.

En los bosques de eucaliptos, los veranos suelen ser largos y secos, por lo que los incendios forestales son comunes. Sin embargo, la mayoría de los eucaliptos vuelven a brotar rápidamente, mientras que otros tienen semillas que se abren con el calor del fuego y comienzan a crecer en los claros que dejan los incendios.

Los animales sienten la llegada de los incendios antes que los humanos, por lo que logran escapar volando, saltando o corriendo hacia los barrancos y ríos, para trepar a lugares más altos o esconderse en madrigueras. De cualquier modo, la cantidad de incendios va en aumento debido al calentamiento global; la supervivencia de estos bosques está bajo seria amenaza.

VARANO ARBORÍCOLA

Este reptil, que puede alcanzar los 2 m de largo, inspecciona el suelo en busca de insectos, reptiles, pequeños mamíferos, o cualquier otro animal muerto. Además, con sus garras largas y filosas, trepa los árboles para alcanzar nidos de pájaros y comerse los huevos o los pichones que encuentre.

WÓMBAT

Este animal herbívoro es capaz de cavar grandes túneles, que miden hasta 20 m de largo, con diversas entradas y pasadizos, para esconderse durante el día. Cuando se produce un incendio forestal, otros animales, como ualabíes, serpientes, zarigüeyas y bandicuts, también se esconden en estos túneles.

KOALA

El koala no necesita competir por el alimento, porque solo come hojas de eucalipto, que resultan venenosas para otros animales. Como estas hojas no son una gran fuente de energía, el koala duerme alrededor de 22 horas diarias en lo alto de los árboles.

CACATÚA COLIRROJA

Esta ave se alimenta de semillas de eucaliptos, como los de corteza parda fibrosa o del desierto. La cacatúa colirroja usa una de sus patas en forma de garra, que suele ser la izquierda, para sostener una semilla o rama, mientras usa la otra pata para mantener el equilibrio.

LORO ARCOÍRIS

El loro arcoíris, con su lengua alargada, se alimenta del néctar y el polen de las flores de eucalipto. Su plumaje colorido permite que otros loros de su especie lo encuentren con facilidad.

UALABÍ DE CUELLO ROJO

El ualabí, que tiene largas patas traseras y una cola fuerte, se desplaza saltando. Este animal es un mamífero marsupial, al igual que el koala y el wómbat. Los marsupiales se encuentran, en su mayoría, en Australia y en América del Sur y se caracterizan por terminar de gestar a sus crías en una bolsa en el vientre.

Ciervo rojo

Estos animales herbívoros se caracterizan por tener pezuñas y viven en bosques templados, praderas y páramos. Los machos, llamados también *venados*, tienen cuernos que usan para aparearse, y que luego descartan. Estos cuernos son extensiones del cráneo, hechos de hueso y cartílago cubiertos de piel.

EL CELO

Los machos y las hembras viven separados, excepto cuando llega la temporada de apareamiento, conocida como *celo*. Durante el celo, los ciervos compiten por la atención de las hembras caminando a la par y emitiendo sonidos, mientras que comparan el tamaño de sus cuernos y de su cuerpo. Mientras tanto, los ciervos más jóvenes se alejan.

Cuando un ciervo se rehúsa a retirarse, se produce un enfrentamiento en el que dos ciervos pelean con sus cuernos y, en ocasiones, se lastiman. Los ganadores son seguidos por un grupo de hasta 20 hembras, conocido como *harén*, mientras que los perdedores abandonan la oportunidad de aparearse en esa temporada.

CUATRO ESTÓMAGOS

El ciervo rojo pertenece a un grupo de animales conocidos como *rumiantes* (palabra que proviene del latín y significa "volver a masticar"), que incluye a los ciervos, las cabras, los antílopes y el ganado. Estos animales tienen un estómago formado por cuatro cámaras, que les permite digerir las plantas a través de la fermentación, proceso que se da cuando las bacterias alojadas en la primera cámara liberan químicos que desglosan las plantas.

Una vez que el alimento se fermenta en la primera cámara, pasa a la segunda, donde se separan los líquidos de los sólidos y se conforma un bolo alimenticio, que el animal regurgita y vuelve a masticar, para luego volver a tragarlo. Luego, el alimento pasa por las dos últimas cámaras y continúa el proceso digestivo, hasta que los nutrientes son absorbidos en el intestino y el desecho es expulsado como material fecal.

Después de llenar su primer estómago, el ciervo rojo se esconde para regurgitar el alimento.

Los enfrentamientos entre los venados garantizan que solo los más fuertes y sanos puedan reproducirse, para que los cervatillos (las crías de los ciervos) sean también saludables.

Ciervo rojo

ESPECIE	*Cervus elaphus*
FAMILIA	Ciervos
CLASE	Mamíferos
TAMAÑO	Entre 1,7 y 2,7 m de largo
DISTRIBUCIÓN	Europa, sudoeste de Asia y norte de África
ALIMENTACIÓN	Pasto, brotes de plantas, juncias y arbustos

Pájaros carpinteros

Estos pájaros usan su fuerte pico para taladrar los troncos de los árboles en busca de animales pequeños que viven en la madera, así como para hacer agujeros en los árboles para formar sus nidos. Gracias a sus patas zigodáctilas, con dos dedos adelante y dos atrás, estas aves se posan sobre los troncos sin dificultad.

CARPINTERO DE PECHERA

Para ahuyentar a otros pájaros carpinteros, este pájaro golpea con fuerza árboles, techos de metal, caños y palos con el pico. El carpintero de pechera se caracteriza también por perforar hormigueros y atrapar hormigas, que luego frota contra sus plumas para llenarse de ácido fórmico (una sustancia que mata pequeños insectos y ácaros que le irritan la piel).

CARPINTERO BELLOTERO

Este tipo de pájaro carpintero vive en bosques de robles, donde se alimenta de los frutos de estos árboles, conocidos como *bellotas*. Las bellotas son almacenadas en agujeros que el carpintero realiza sobre los troncos. A medida que se secan y se encogen, las mueve a otros agujeros más pequeños.

CARPINTERO VERDE

Pese a las plumas rojas de la cabeza, el carpintero verde se camufla muy bien entre las hojas, por lo que es difícil encontrarlo. Sin embargo, se lo identifica por un sonido característico que emite para ahuyentar a otros carpinteros de su territorio. Como todos los pájaros carpinteros, el verde tiene una lengua larga y pegajosa que usa para atrapar hormigas.

PICAMADEROS NORTEAMERICANO

Al igual que los demás carpinteros, este pájaro tiene un pico filoso y recto que usa para tallar la madera y una cola firme para mantener el equilibrio sobre los troncos mientras trabaja. Cuando llega la época de apareamiento, el picamaderos norteamericano golpea fuerte con su pico en los troncos huecos para atraer pareja.

CARPINTERO DE CAROLINA

Las parejas de carpinteros de Carolina construyen nidos en los árboles secos o moribundos. Algunas parejas regresan a estos árboles durante varias temporadas para descansar y poner huevos.

PICO PICAPINOS

Como la mayoría de los pájaros carpinteros, este pájaro pone entre cuatro y seis huevos en un hueco que hace en el tronco de un árbol. Ambos padres se sientan sobre los huevos para mantenerlos cálidos y alimentan a los pichones cuando nacen.

Pájaros carpinteros

FAMILIA	Carpinteros
CLASE	Aves
TAMAÑO	Entre 7 y 58 cm de largo
DISTRIBUCIÓN	América del Norte, América del Sur, Europa, Asia y África
ALIMENTACIÓN	Insectos, arañas, nueces, frutos y savia de los árboles

LLANURA

Cerca de la mitad de la llanura de América del Norte se ha destinado a la agricultura. El cultivo principal es el trigo, una planta cuyas semillas son granos de cereal. Varios pájaros, como el tordo alirrojo, se han adaptado a la vida en la granja.

La llanura, ubicada en regiones templadas y tropicales, es un área extensa en la que predominan los céspedes. Este ecosistema adopta distintos nombres en distintos lugares del mundo. Por ejemplo, en América Central y América del Norte se lo llama *pradera*, en el sur de América del Sur se conoce como *pampa*, en Asia central recibe el nombre de *estepa*, y en el centro y en el sur de África, el de *sabana*. Aunque se pueden sembrar árboles y arbustos en la llanura, la mayoría no prospera debido a las escasas precipitaciones, los incendios forestales y el hecho de que muchos animales arrancan esta vegetación para alimentarse. Sin embargo, la cantidad de lluvia en las llanuras es suficiente para nutrir los pastizales que, además, resurgen con facilidad después de los incendios, las sequías y las heladas.

En las llanuras, caen entre 50 y 90 cm de lluvia al año. En las regiones con más precipitaciones, crecen pastizales altos. Por ejemplo, en las praderas de América del Norte el césped es más alto que en la estepa asiática. En general, el césped mide entre 20 cm y 1 m de altura. Mientras que, en las zonas templadas, el invierno es frío y el verano es cálido (con temperaturas que varían entre los -40 °C y 38 °C). En las zonas tropicales hace calor todo el año, aunque hay una estación seca y una temporada de lluvias. Las llanuras templadas tienen suelos fértiles, por lo que se usan para la agricultura, especialmente en América del Norte.

Escarabajo carroñero de la llanura norteamericana

Estos ecosistemas son el hogar de muchos mamíferos que pastan, como las cebras, que se alimentan de césped y otras plantas bajas. En las regiones llenas de árboles y arbustos, hay muchos animales que se alimentan de hojas, como las jirafas, que comen hojas de plantas altas. Como hay espacio y comida abundantes, algunos herbívoros, como el visón y el elefante, crecen considerablemente. Al mismo tiempo, estos herbívoros de gran tamaño son presas ideales para los grandes carnívoros, como los leones o los coyotes. Mientras tanto, los animales más pequeños, como los ratones o las serpientes, se esconden entre el césped o en madrigueras para mantenerse a salvo de los depredadores.

En las praderas de América del Norte, los urogallos grandes machos atraen a las hembras inflando unos sacos de aire que tienen en el cuello y golpeteando las plumas de la cola. Mientras tanto, debajo de la tierra se encuentran los perritos de la pradera de cola negra, que son roedores que cavan túneles donde se refugian del calor, del frío y de depredadores como el coyote. Los coyotes, que pertenecen a la familia de los cánidos, tienen dientes filosos y llegan a medir hasta 1,5 m de largo.

Sabana africana

Las llanuras de la sabana africana están cubiertas de césped de gran altura, pero también se pueden encontrar algunos árboles dispersos, como acacias de copa plana y arbustos de sauce, que son resistentes y pueden sobrevivir las largas estaciones secas hasta que llega la temporada de precipitaciones.

La sabana africana es el hogar de varios grupos de mamíferos que pastan o comen hojas de árboles y arbustos. Estos animales son las presas de algunos depredadores, como los grandes felinos, las hienas y los perros salvajes, y además proveen alimento a los animales carroñeros, que esperan por las sobras.

En la estación seca, las manadas de cebras y ñus caminan cientos de kilómetros en busca de agua y pasto fresco, mientras que los incendios azotan las llanuras. A su vez, otros animales migran o se esconden en madrigueras, hasta que los árboles y el césped vuelvan a crecer.

ELEFANTE AFRICANO DE LA SABANA

Este elefante, que pesa alrededor de 10 400 kg, es el animal terrestre más grande del mundo. Durante la época de lluvias, se alimenta de césped, mientras que, en la estación seca, usa sus fuertes cuernos para arrancar la corteza de los árboles y, con su poderosa trompa, cava el suelo en busca de agua.

JIRAFA

Estos herbívoros son los animales terrestres más altos ya que miden hasta 5,7 m de altura. Tienen las patas y el cuello largos para alcanzar las hojas, frutos y flores de los árboles que los demás herbívoros no pueden alcanzar. Al igual que los humanos, las jirafas tienen siete huesos en el cuello, llamados *vértebras cervicales*. Cada una de estas vértebras mide más de 28 cm de largo.

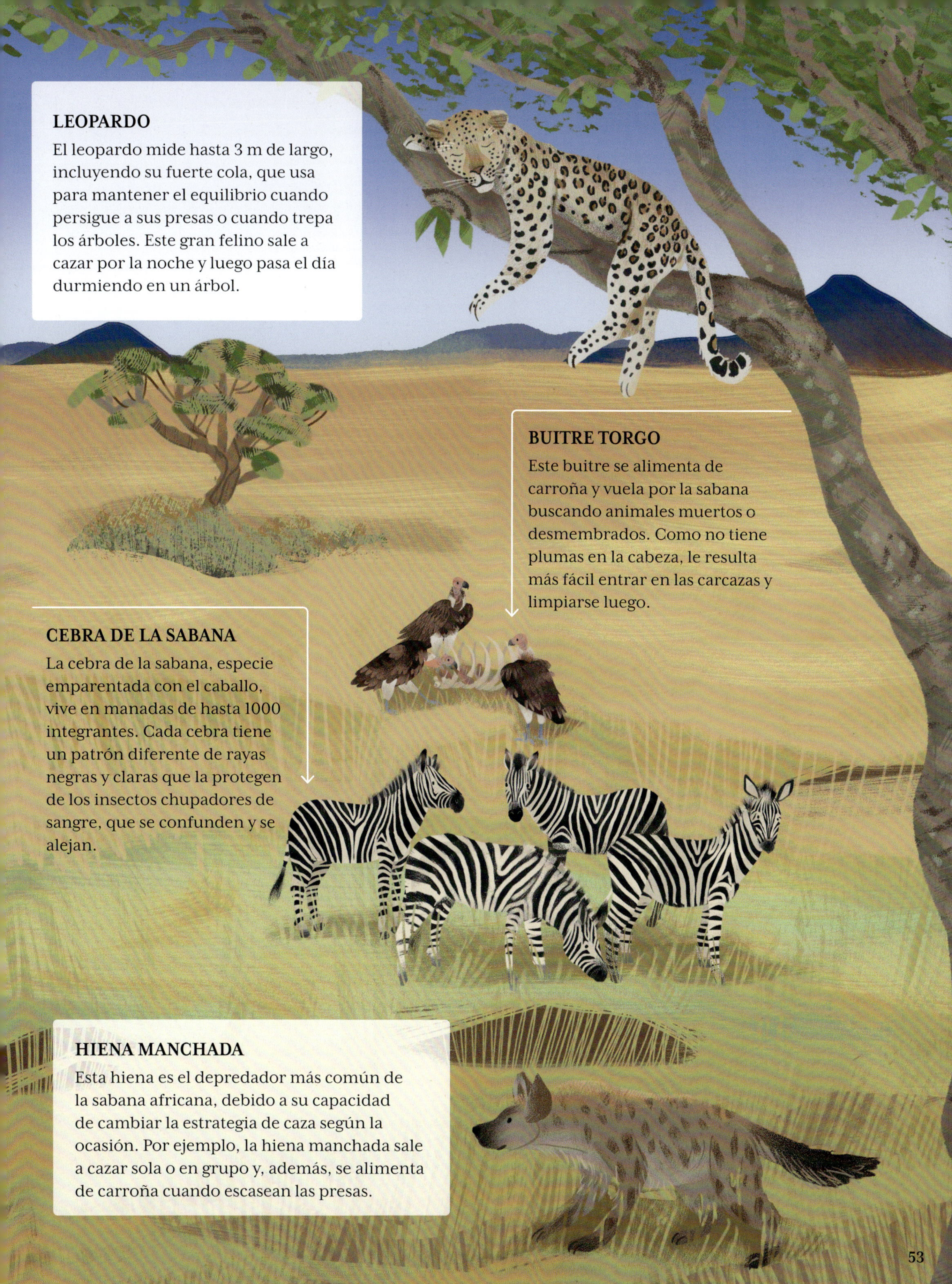

LEOPARDO

El leopardo mide hasta 3 m de largo, incluyendo su fuerte cola, que usa para mantener el equilibrio cuando persigue a sus presas o cuando trepa los árboles. Este gran felino sale a cazar por la noche y luego pasa el día durmiendo en un árbol.

BUITRE TORGO

Este buitre se alimenta de carroña y vuela por la sabana buscando animales muertos o desmembrados. Como no tiene plumas en la cabeza, le resulta más fácil entrar en las carcazas y limpiarse luego.

CEBRA DE LA SABANA

La cebra de la sabana, especie emparentada con el caballo, vive en manadas de hasta 1000 integrantes. Cada cebra tiene un patrón diferente de rayas negras y claras que la protegen de los insectos chupadores de sangre, que se confunden y se alejan.

HIENA MANCHADA

Esta hiena es el depredador más común de la sabana africana, debido a su capacidad de cambiar la estrategia de caza según la ocasión. Por ejemplo, la hiena manchada sale a cazar sola o en grupo y, además, se alimenta de carroña cuando escasean las presas.

León

Este gran felino solía vivir en África, el sur de Europa y el sudoeste de Asia, pero hoy solo habita en la sabana y el matorral en África y el oeste de India, debido a la amenaza del ser humano. La mayoría de los leones viven en manadas; sin embargo, los adultos jóvenes pasan varios años cazando por su cuenta, antes de unirse a una manada.

LA VIDA EN LA MANADA

Los machos son más grandes que las hembras, o leonas. Cuando el macho alcanza alrededor de un año de edad, comienza a crecerle pelo en la cabeza, los hombros y el pecho, que se transforma en una melena. Los machos adultos y saludables desarrollan una melena más densa y de color más oscuro, que protege el cuello de los dientes y las garras de otros leones cuando se involucran en peleas. Además, la melena sirve para atraer a las hembras, que prefieren a los machos con melenas más densas. Los leones pasan alrededor de 20 horas diarias durmiendo o descansando a la sombra de un árbol. Cuando cae la temperatura al atardecer, se despiertan y comienzan a jugar y a acicalarse entre sí.

En la sabana africana, los leones suelen cazar ñus de cola negra. Con sus enormes mandíbulas, que pueden abrir hasta los 28 cm de ancho, atrapan a sus presas y les clavan sus filosos dientes caninos de 7 cm de largo.

CAZADORES EXPERTOS

Los leones salen a cazar al atardecer y al amanecer, cuando baja la temperatura. Estos cazadores siguen de cerca a sus presas, lentamente y en silencio, y, gracias a su pelaje dorado, se camuflan en la oscuridad entre el césped alto. Cuando logran acercarse lo suficiente a la presa, los leones se abalanzan sobre ella de un salto y la matan de inmediato con sus dientes filosos. Mientras que los machos salen a cazar solos, quienes atrapan la mayoría de las presas son las leonas, que cazan en manada. Cada una de ellas cumple una tarea muy importante en la cacería; por ejemplo, las leonas suelen atacar a las presas por la derecha o por la izquierda, y luego comparten el alimento con el resto de la manada.

En cuevas entre las rocas, las leonas dan a luz hasta cuatro cachorros, que luego amamantan durante seis meses.

León

ESPECIE	*Panthera leo*
FAMILIA	Felinos
CLASE	Mamíferos
TAMAÑO	Entre 2,3 y 3 m de largo
DISTRIBUCIÓN	Sur del desierto del Sahara y oeste de India
ALIMENTACIÓN	Mamíferos, como ñus, cebras, jirafas y ciervos

Escarabajos

Estos insectos tienen dos pares de alas: un par interno y flexible que usan para volar y otro par externo y firme, que usan como protección. En el planeta existen alrededor de 400 mil especies de escarabajos, lo que equivale a un tercio de todas las especies de animales. En las llanuras, varios escarabajos cumplen funciones de vital importancia, como diseminar semillas o descomponer desechos.

ESCARABAJO DE APIÁCEAS

Este escarabajo se alimenta del polen de las flores salvajes, en especial de las apiáceas amarillas. Mientras que los machos son de color verde brillante, las hembras son color bronce. Se cree que estos exoesqueletos brillantes, que resplandecen con la luz del sol, se usan para atraer pareja y distraer a los depredadores.

ESCARABAJO MINOTAURO

Después de copular, este escarabajo europeo cava un túnel de hasta 1,5 m de profundidad, donde guarda el excremento de conejos y de otros animales herbívoros. Luego, la hembra pone huevos cerca del excremento para que después las larvas puedan alimentarse. Al enterrar el excremento de animales herbívoros, estos escarabajos diseminan semillas y devuelven nutrientes al suelo, para que puedan crecer otras plantas.

ESCARABAJO TIGRE DE OHLONE

Este insecto, que solo se encuentra en las costas del condado de Santa Cruz, en California (Estados Unidos), se alimenta de pequeñas presas que encuentra en áreas del suelo sin vegetación. Tiene patas largas para correr rápidamente y una gran mandíbula para atrapar a sus escurridizas presas.

ESCARABAJO "DE MOLDE" AUSTRALIANO

Este escarabajo, que vive en las llanuras y los matorrales de Australia, tiene una forma achatada con bordes gruesos. Este borde protege la cabeza, las patas y la parte inferior del insecto del ataque de depredadores, como las arañas.

ESCARABAJO CARROÑERO

Este escarabajo de América del Norte se alimenta de carroña (o animales muertos). El macho o la hembra entierran un animal muerto, como un pájaro o un roedor, y luego la hembra pone huevos junto al cuerpo, para que las larvas puedan alimentarse. Estos insectos, además, se entierran en el suelo para sobrevivir al frío durante el invierno.

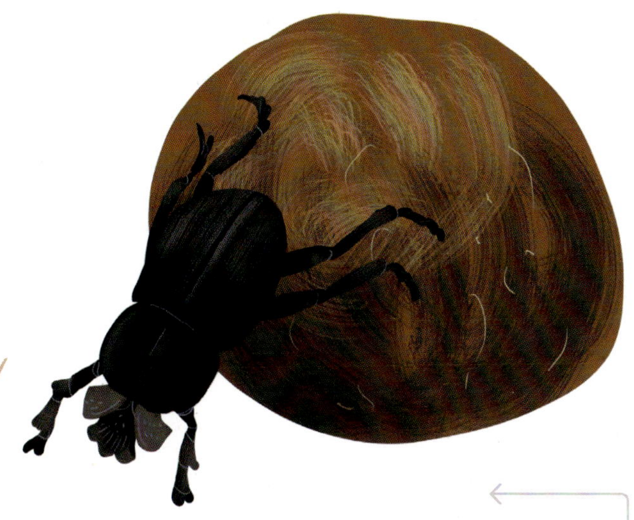

ESCARABAJO PELOTERO

Este escarabajo nocturno usa su sentido del olfato para encontrar estiércol de antílopes, que luego empuja, haciéndolo rodar en forma de bolas o pelotas, para esconderlo en sus refugios y alimentarse. Es capaz de transportar el excremento en perfecta línea recta a través de la sabana guiándose por patrones que se forman con la luz de la luna, invisibles para el ojo humano.

Escarabajos

ORDEN	Coleópteros
CLASE	Insectos
TAMAÑO	Entre 0,03 y 13,5 cm de largo
DISTRIBUCIÓN	Mayoría de los hábitats terrestres o de agua dulce de América, Europa, África, Asia y Australia
ALIMENTACIÓN	Plantas, excremento, carroña y pequeños invertebrados

BOSQUE MEDITERRÁNEO

En la isla francesa de Córcega, algunas de las plantas más comunes son arbustos como la flor de siempreviva, también conocida como *curry* debido al olor fuerte de sus hojas, la lavanda francesa, que se usa para hacer perfumes, y el romero, cuyas hojas perfumadas en forma de aguja son famosas en el mundo culinario.

El bosque y matorral mediterráneo es una región en la que abundan los arbustos perennes, que crecen junto a los pastizales y otras plantas de menor tamaño con flores. A diferencia de los árboles, los arbustos tienen varios tallos firmes y leñosos, que miden menos de 8 m de altura. En algunas regiones, estos bosques se conocen con otros nombres, como *maquis* en el sur de Francia, *fynbos* en Sudáfrica y *chaparral* en los Estados Unidos.

Estos biomas se ubican en regiones costeras con clima mediterráneo, es decir, con veranos secos y calurosos e inviernos húmedos y templados. Estas condiciones se dan en el sur de Europa, cerca del mar Mediterráneo, y en otras regiones templadas, como el sudoeste de los Estados Unidos, el sur de África y el sur de Australia. En estos bosques, la lluvia, que oscila entre 20 y 100 cm anuales, es más abundante que en el desierto, pero más escasa que en la mayoría de los otros bosques. En las zonas costeras, los arbustos fuertes y de hojas pequeñas se han adaptado al ambiente para sobrevivir a los vientos del océano, la sal del aire y del suelo y las sequías de verano. Además, los incendios forestales, que a menudo son causados por rayos que caen, son frecuentes en estas regiones. Sin embargo, los arbustos han evolucionado para sobrevivir en este ambiente hostil y están preparados para volver a brotar rápidamente del tallo subterráneo.

Curruca chipriota, ave que habita al este del mar Mediterráneo.

Los animales de los matorrales también deben buscar la manera de sobrevivir a los incendios, al viento seco y a la falta de agua en verano, pero cuentan con el refugio que les provee la vegetación densa, que alberga insectos, aves y mamíferos pequeños. Como los anfibios necesitan mucha agua, no abundan en este bioma, aunque sí existen algunos que sobreviven escondiéndose bajo la tierra en verano. Por otro lado, los reptiles adaptan su nivel de actividad de acuerdo con el clima y se trasladan a lugares soleados o frescos para mantener la temperatura corporal.

En el bosque costero de Italia, la tortuga mediterránea come plantas con su pico fuerte y en forma de cuerno. En invierno, este reptil hiberna debajo de un arbusto, donde también se refugia del calor en verano. Cerca de la tortuga, suele esconderse la mantis palo (esquina inferior izquierda de la ilustración), bien camuflada con su cuerpo y sus patas color verde y rosa, igual que las ramas y los capullos. Desde su escondite, acecha a los grillos de los arbustos, que planea atrapar con sus patas delanteras. Sin embargo, ambos insectos mueren antes de la llegada del invierno, después de poner huevos.

Chaparral de California

Este bosque, conocido como *chaparral*, se ubica en California y Oregón, y ocupa una superficie de 121 000 km^2, entre los Estados Unidos y el sur de México. El nombre *chaparral* quiere decir "roble matorral", y hace referencia a un roble pequeño, que mide entre 1 y 2 m de altura.

El chaparral ocupa grandes áreas costeras, entre la ciudad y las granjas en California. Allí, el verano es muy seco, con temperaturas que superan los 37 °C. En la actualidad, el calentamiento global produce más sequías y, como resultado, más incendios forestales, lo que podría afectar la supervivencia de este hábitat.

La mayoría de las plantas del chaparral, como las yucas o los arbustos de la creosota, tienen hojas resistentes para retener el agua que extraen del suelo con sus raíces anchas y profundas. Por otro lado, los animales han evolucionado para poder sobrevivir con poca agua, que, en su mayoría, obtienen de las plantas que comen.

CORRECAMINOS GRANDE

Esta ave, que pertenece al orden de los cuculiformes, se destaca por correr (aunque también puede volar) a una velocidad de 32 km/h cuando persigue a sus presas, que incluyen lagartijas, serpientes venenosas y tarántulas.

LAGARTO CORNUDO DE SAN DIEGO

Este reptil tiene un cuerpo áspero y puntiagudo que hace que sea más difícil de digerir para los depredadores. Además, si se siente amenazado, puede disparar por los ojos chorros de sangre a alta presión como mecanismo de defensa.

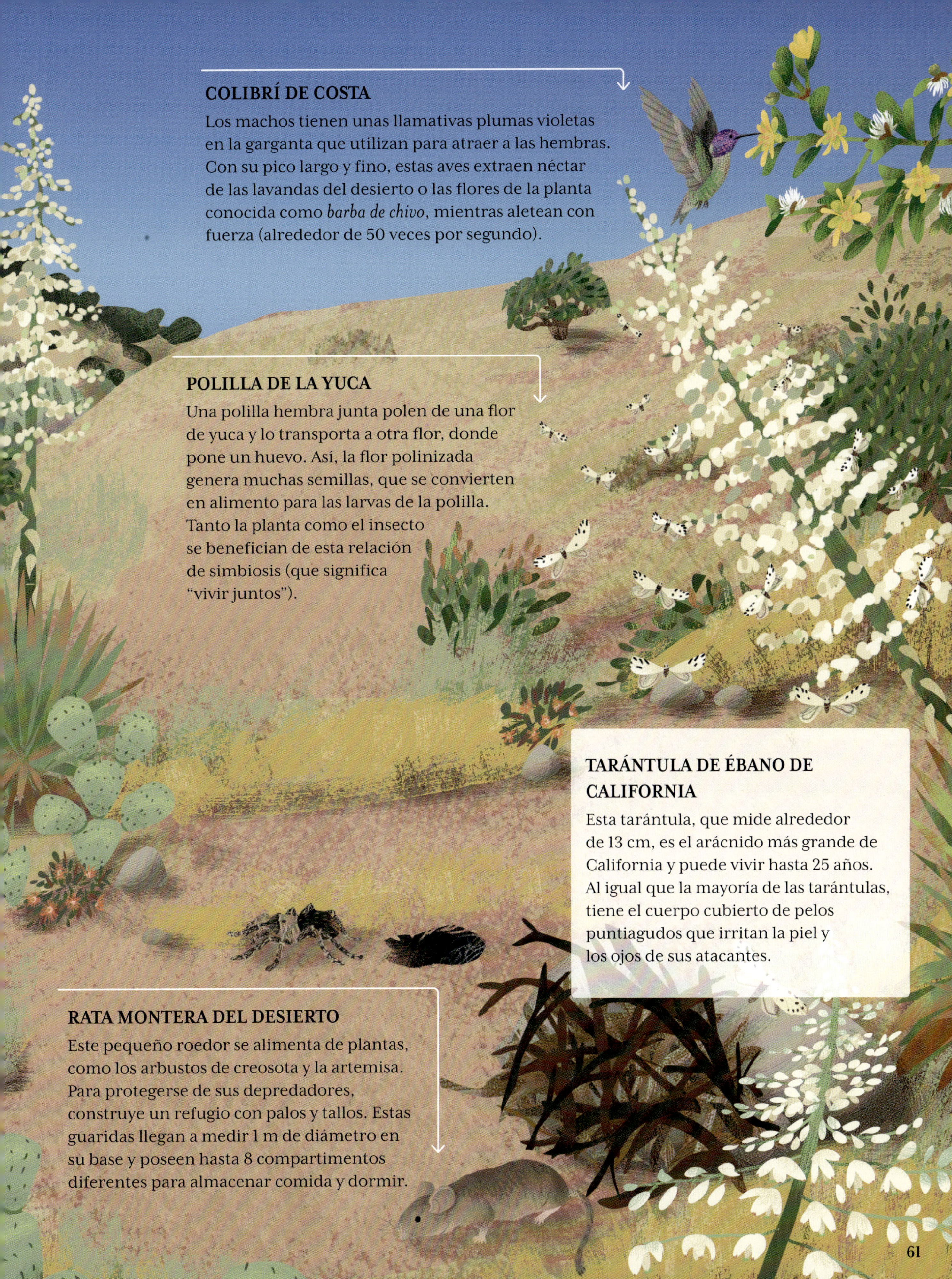

COLIBRÍ DE COSTA

Los machos tienen unas llamativas plumas violetas en la garganta que utilizan para atraer a las hembras. Con su pico largo y fino, estas aves extraen néctar de las lavandas del desierto o las flores de la planta conocida como *barba de chivo*, mientras aletean con fuerza (alrededor de 50 veces por segundo).

POLILLA DE LA YUCA

Una polilla hembra junta polen de una flor de yuca y lo transporta a otra flor, donde pone un huevo. Así, la flor polinizada genera muchas semillas, que se convierten en alimento para las larvas de la polilla. Tanto la planta como el insecto se benefician de esta relación de simbiosis (que significa "vivir juntos").

TARÁNTULA DE ÉBANO DE CALIFORNIA

Esta tarántula, que mide alrededor de 13 cm, es el arácnido más grande de California y puede vivir hasta 25 años. Al igual que la mayoría de las tarántulas, tiene el cuerpo cubierto de pelos puntiagudos que irritan la piel y los ojos de sus atacantes.

RATA MONTERA DEL DESIERTO

Este pequeño roedor se alimenta de plantas, como los arbustos de creosota y la artemisa. Para protegerse de sus depredadores, construye un refugio con palos y tallos. Estas guaridas llegan a medir 1 m de diámetro en su base y poseen hasta 8 compartimentos diferentes para almacenar comida y dormir.

Abeja de El Cabo

Esta abeja, que vive en el fynbos (o bosque) sudafricano del Cabo Occidental, cumple una función de gran importancia al polinizar varias de las plantas con flores de la región. En el fynbos existen alrededor de 6000 especies de plantas que no viven en ninguna otra parte del planeta.

UNA ABEJA OCUPADA

Como otras abejas, la abeja de El Cabo se alimenta del polen y el néctar de las flores. Mientras se alimenta, el polen se acumula en su pelo y, así, viaja de flor en flor, lo que permite que las plantas puedan reproducirse. La abeja de El Cabo vive en una colmena con otras 80 000 abejas, lo que se conoce como *colonia*. Allí, la mayoría de las abejas son abejas obreras hembras, mientras que algunos cientos son zánganos macho. Además, cada colonia tiene una abeja de mayor tamaño, conocida como *abeja reina*.

Las abejas obreras tienen un apéndice alargado tubular en la boca, llamado *probóscide*, que usan para extraer el néctar de las flores, y, cuando llegan a la colmena, se lo dan a otras abejas para que lo transformen en miel, mediante un proceso de secado. Cuando las abejas recolectoras visitan las flores, sus patas peludas se cubren de polen, que se acumula en sacos presentes en sus patas traseras, conocidos como *corbículas* o *canastas de polen*. Las abejas obreras comen todo el polen y néctar que necesitan y luego almacenan el resto en la colmena.

Abeja de El Cabo

SUBESPECIE	*Apis mellifera capensis*
FAMILIA	Abejas
CLASE	Insectos
TAMAÑO	Entre 1 y 2 cm de largo
DISTRIBUCIÓN	Suroeste de Sudáfrica, en matorrales y tierras agrícolas
ALIMENTACIÓN	Néctar y polen

LA VIDA EN LA COLMENA

Las colmenas, que suelen encontrarse en los troncos huecos de los árboles, están hechas de cera que segregan las glándulas del abdomen de las abejas melíferas. Cada colmena tiene varias celdas hexagonales, en las que la reina pone huevos, que luego se convierten en larvas sin alas y sin patas, y se alimentan de una mezcla de polen y néctar que les dan las abejas nodrizas. Después de una semana, las nodrizas cierran las celdas y las larvas se convierten en adultas.

Mientras que los zánganos viven solo lo necesario para fecundar a la reina, las abejas obreras viven algunos meses, y la reina puede alcanzar entre tres y cuatro años de vida. Cuando la reina envejece, las abejas nodrizas se ocupan de crear una nueva reina alimentando una larva hembra con jalea real, una comida especialmente nutritiva que producen en glándulas de la cabeza. En invierno, la colonia permanece en la colmena y consume la miel almacenada.

Mientras que algunas celdas de la colmena se usan para depositar huevos, larvas y pupas, otras se usan para almacenar polen y miel.

Una abeja tiene dos pares de alas conectadas entre sí. En el extremo del abdomen, las hembras poseen un órgano para poner huevos, llamado *ovipositor*, que, además, puede inyectar veneno a sus presas.

Aves cantoras

Varias especies de aves en el bosque mediterráneo son pájaros cantores, también conocidos como *paseriformes*, que emiten una gran variedad de cantos y sonidos. Estas aves se caracterizan por ser pequeñas y por tener patas anisodáctilas, es decir, con tres dedos hacia adelante y uno hacia atrás, lo que les permite aferrarse cómodamente a las ramas de los árboles. Los arbustos son el hogar y el refugio de estos pájaros y de sus huevos.

SUIMANGA BICOLLAR

Este pájaro sudafricano se alimenta de néctar, que extrae de las flores con su pico largo y curvado, y de insectos y arañas, que atrapa de las telarañas. Los machos tienen plumas brillantes que cambian de color según la luz y que exhiben, posándose en una rama alta, para atraer a las hembras.

PETROICA FRENTIRROJA

Estas aves, que habitan los matorrales de Australia, deben su nombre al plumaje rojo que tienen en la cabeza. Los machos poseen más plumas rojas que las hembras y, a su vez, tienen el abdomen rojo. Estos pájaros suelen posarse sobre ramas bajas para atrapar escarabajos y hormigas más fácilmente.

CAMACHUELO CEJIBLANCO

Este pájaro se alimenta de semillas, que puede atrapar y romper con su pico fuerte, en forma de cono. Mientras que los machos tienen el rostro y el abdomen de color rosa, las hembras, en cambio, tienen plumaje marrón, lo que les permite pasar inadvertidas mientras se sientan sobre los nidos que esconden en los arbustos y fabrican con hierbas, ramas y musgo.

CURRUCA CHIPRIOTA

Las currucas chipriotas son famosas por su canto fuerte y melodioso, que usan para comunicarse con su pareja y marcar territorio (se cree, también, que estas aves pueden cantar por placer). Las hembras ponen de tres a cinco huevos en un nido que ocultan en arbustos espinosos.

MASCARITA MATORRALERA

Este pájaro habita los matorrales de montaña en México. En general, se esconde entre los arbustos, pero suele posarse en ramas más altas para cantar y, así, atraer pareja. La hembra, que tiene más posibilidades de sobrevivir durante años, pone solo dos huevos, a diferencia de otras especies de pájaros cantores, que migran a regiones más cálidas en invierno.

MALURO ALIBLANCO

Cuando no están en temporada de apareamiento, los maluros aliblancos tienen plumaje marrón, lo que les permite camuflarse entre los arbustos de sal del matorral australiano. Sin embargo, en primavera y en verano, uno de los machos de cada bandada desarrolla un plumaje azul brillante para aparearse con varias hembras, mientras que el resto de los machos con plumaje marrón se ocupa de contribuir con el cuidado de los pichones.

Aves cantoras

ORDEN	Paseriformes
CLASE	Aves
TAMAÑO	Entre 6,5 y 70 cm de largo
DISTRIBUCIÓN	Todos los continentes, menos la Antártida, y todas las regiones, menos el hielo polar
ALIMENTACIÓN	Semillas, frutos, néctar, insectos y otros animales pequeños

DESIERTO

El cactus saguaro, que puede alcanzar los 24 m de altura, se encuentra en el desierto de Sonora, en el sudoeste de los Estados Unidos. En tan solo un día de lluvia, este cactus, cuyas raíces llegan a medir 30 m, puede acumular hasta 750 litros de agua y almacenarla en el tallo y los brazos. Además, este cactus tiene frutos que sirven de fuente hídrica y energética para animales como la paloma de alas blancas.

El desierto es un área donde llueve menos de 25 cm al año. Mientras que en algunos desiertos hace calor todo el año y la temperatura máxima puede superar los 54 °C, en otros, los inviernos son fríos o hace frío todo el año. Los desiertos se encuentran en regiones donde el aire tiene poca humedad porque ya ha caído en otros lugares en forma de lluvia: en medio de los continentes, lejos del océano que trae la lluvia; a la sombra de las montañas; y en dos bandas de alrededor de 2000 km al norte y al sur del ecuador. Los desiertos se forman en estas bandas porque el aire caliente y húmedo se eleva en el ecuador, deja caer su humedad en forma de lluvia y luego se mueve hacia el norte y el sur, creando dos áreas de aire seco y sin nubes.

Como llueve tan poco, pocas plantas pueden crecer en el desierto, donde, además, el suelo es rocoso. Durante miles de años, el viento erosiona las rocas que, con el tiempo, se convierten en arena que va formando dunas. Las pocas plantas que habitan el desierto tienen raíces profundas para alcanzar la humedad que hay debajo de la tierra y hojas pequeñas y resistentes que no pierden agua. Los cactus, por ejemplo, son plantas con espinas que cumplen la función de impedir que los animales lleguen al tallo, donde se almacena el agua. Algunas plantas brotan de semillas, florecen y, finalmente, mueren durante las semanas posteriores a las lluvias.

La boa rosada habita los desiertos del sudoeste de los Estados Unidos y México.

Los pocos animales que viven en los desiertos deben sobrevivir con la escasa cantidad de agua que obtienen de las plantas que comen o de la sangre de sus presas. Algunos se mantienen inactivos durmiendo bajo la tierra durante los periodos de sequía. Por otro lado, varios animales del desierto tienen la piel gruesa, lo que les permite retener más agua.

En el desierto de Gobi, ubicado en el este de Asia, la temperatura llega a los 45 °C en verano y a -47 °C en invierno. El gerbil de Mongolia es un roedor que se esconde en su madriguera cuando las temperaturas son muy extremas o cuando lo acechan depredadores, como el águila real. Por otro lado, el onagro, un animal que forma parte de la familia del caballo, obtiene agua de las plantas que come, pero también la busca cavando pozos en los lechos de ríos secos con sus pezuñas.

Desierto del Sahara

Este desierto, que ocupa una superficie de 9,2 millones de km^2, es el más grande del mundo y se ubica en el norte de África. Si bien la mayoría de la región es rocosa, hay zonas arenosas, conocidas como *ergs*, en las que las dunas alcanzan los 180 m de altura. En verano, la arena tiene una temperatura de 80 °C.

En la mayor parte del desierto del Sahara, la temperatura promedio supera los 25 °C durante el día; sin embargo, cuando el sol se oculta, la falta de nubes hace que el aire se enfríe rápidamente, por lo que la temperatura desciende entre 13 y 20 °C con respecto al día.

Casi todos los animales que viven allí son nocturnos y durante el día permanecen a la sombra o debajo de la tierra para protegerse del calor. La mayoría tiene pelaje, escamas o plumas del color de la arena, lo que les permite pasar inadvertidos entre las dunas y las rocas.

FÉNEC

Este zorro es el miembro más pequeño de la familia de los cánidos. Sus orejas son de gran tamaño, lo que le permite mantenerse fresco, ya que el calor se distribuye en una superficie extensa y se va perdiendo. Además, este animal tiene almohadillas peludas en las patas, para no quemarse con la arena caliente.

COCODRILO DEL DESIERTO

Durante los periodos de sequía, este cocodrilo cava una cueva en la que se mantiene inactivo y profundamente dormido, para que su cuerpo gaste la mínima cantidad de energía. Después de las lluvias, se reúne con otros cocodrilos en una guelta, una cuenca de agua natural que se forma en un valle.

DROMEDARIO

Este camello almacena grasa en su joroba para usarla como fuente de energía. Así, puede sobrevivir hasta dos meses en caso de que no encuentre plantas para alimentarse. El dromedario tiene cejas gruesas que protegen sus ojos del sol y pestañas largas que detienen la arena que vuela con el viento.

ADDAX

Este antílope obtiene agua de las plantas que consume y del rocío que se forma cuando cae la temperatura por las noches (como el aire frío retiene menos agua que el aire caliente, las gotas de rocío se acumulan en las plantas). El pelaje blanco del addax hace que rebote el calor del sol, por lo que se mantiene fresco.

GUEPARDO DEL SAHARA

Cuando cae el sol, este guepardo caza antílopes corriendo a una velocidad de 100 km/h. Mientras consiga alimento, puede sobrevivir sin beber líquido, porque el 90% de la sangre de los mamíferos es agua.

ESCORPIÓN AMARILLO

Este escorpión, que mide 7,5 cm de largo, tiene una cola curvada con una púa en la punta, que usa para inyectar veneno a sus presas y a los depredadores. Con sus fuertes pinzas, el escorpión tritura a las presas, como insectos u otros escorpiones.

Suricata

Este mamífero vive en los desiertos y regiones secas del sur de África, como el desierto de Kalahari y el Namib. Las suricatas viven en colonias de hasta 40 individuos que comparten una madriguera, donde la temperatura se mantiene agradable durante todo el año.

LA COLONIA

En cada colonia de suricatas, solo una pareja de adultos se encarga de aparearse y tener cachorros, mientras que los demás adultos ayudan a cuidarlos. Las suricatas son animales sociales, por lo que las que viven juntas suelen jugar para mantener el vínculo de amistad. Es importante que los integrantes de las colonias se mantengan juntos, ya que se necesitan mutuamente para cuidarse de los depredadores, como los chacales, los zorros y las águilas.

Cuando está más fresco, por la mañana temprano o al atardecer, un grupo de adultos sale de la madriguera en busca de alimento. Uno de ellos trepa una roca y se para en dos patas para vigilar la zona, emitiendo sonidos constantemente para hacerles saber a los demás que no hay ninguna amenaza a la vista. Cuando algún animal peligroso aparece en escena, la suricata centinela ladra con fuerza para que todas regresen rápidamente a la madriguera.

Suricata

ESPECIE	*Suricata suricatta*
FAMILIA	Mangostas
CLASE	Mamíferos
TAMAÑO	Entre 40 y 60 cm de largo
DISTRIBUCIÓN	Sur de África, en regiones secas y llanas
ALIMENTACIÓN	Escarabajos, mariposas, escorpiones, lagartijas, plantas y aves pequeñas

CAVAR Y LUCHAR

Cada colonia vive en grandes redes subterráneas de madrigueras con múltiples entradas, y las suricatas se van trasladando de una madriguera a otra cuando la comida escasea en los alrededores. Para construir estos refugios subterráneos, que pueden alcanzar los 2 m de profundidad, las suricatas usan sus garras y sus patas para cavar. Además, marcan territorio en los límites de las madrigueras con un líquido de olor fuerte que segregan en una glándula que tienen debajo de la cola. Si otra colonia se atreve a cruzar estos límites, las suricatas demuestran un comportamiento agresivo para ahuyentar a las invasoras (saltan y dan fuertes patadas). Si las invasoras no responden a esta señal, se produce un enfrentamiento que puede terminar con varias suricatas heridas.

Cuando necesitan calentarse, las suricatas reposan de espaldas al sol, porque el pelaje oscuro del abdomen absorbe más calor que la espalda, que es de color más claro.

Los adultos salen en grupos a buscar insectos y plantas para comer. Las suricatas pueden sobrevivir sin beber agua porque obtienen la cantidad necesaria para hidratarse de las raíces de las plantas y los frutos que consumen.

Serpientes

Las serpientes son reptiles sin patas que tienen grandes mandíbulas para tragar a sus presas. Mientras que algunas serpientes fabrican veneno, una sustancia que inyectan a sus presas con sus filosos colmillos, otras las tragan vivas o las matan enrollando su cuerpo alrededor de ellas hasta asfixiarlas. Las serpientes pueden sobrevivir sin agua y alimento durante mucho tiempo, por lo que se han adaptado a la vida en el desierto.

COBRA ESCUPIDORA DE NUBIA

Al igual que todas las serpientes venenosas, la cobra escupidora produce veneno en las glándulas que tiene detrás de los ojos. Además de inyectar el veneno a sus presas, esta serpiente se defiende expulsando veneno por la boca para enceguecer a sus atacantes. El veneno que sale cuando las serpientes estrujan los músculos cercanos a las glándulas puede alcanzar los 2 m de distancia.

SERPIENTE CORALILLO SONORENSE

Si bien la mayoría de las serpientes que habitan el desierto se camuflan con los colores de la arena, las serpientes coralillo poseen colores llamativos. Los colores fuertes, más fáciles de identificar, funcionan como una señal de alerta para que los depredadores, como las aves de rapiña, sepan que se trata de una serpiente venenosa y decidan no atacar. Esta estrategia se conoce como *aposematismo*, palabra que proviene del griego y que significa “señal de advertencia”.

VERDE DEL MOJAVE

Esta serpiente de cascabel tiene un tipo de movimiento especial, adecuado para desplazarse en la arena resbaladiza, mediante el cual va ondulando el cuerpo de manera vertical y lateral, lo que le permite avanzar en diagonal. Para ahuyentar a los depredadores, esta serpiente agita unas formaciones córneas que tiene en la punta de la cola (el cascabel), lo que produce un sonido particular.

TAIPÁN DEL INTERIOR

Esta serpiente australiana tiene el veneno más poderoso de todos. Con solo una mordedura, podría matar a 100 personas adultas. Sin embargo, esta tímida serpiente solo suele morder mamíferos pequeños, como las ratas de pelo largo, que mueren al instante.

VÍBORA CORNUDA DEL SAHARA

Esta serpiente venenosa permanece con la mitad del cuerpo enterrado en la arena esperando que se acerque un pájaro o un roedor. Cuando esto ocurre, la serpiente emerge para morder a su presa, a la que sostiene en la boca hasta que el veneno haga efecto. Por encima de los ojos, esta serpiente tiene dos escamas, conocidas como *cuernos*, que la protegen de la arena que vuela con el viento.

BOA ROSADA

Al igual que la mayoría de las serpientes que habitan el desierto, esta boa adapta sus actividades a la temperatura. En verano, cuando el calor es sofocante, la boa pasa el día debajo de las rocas; por la noche, cuando refresca, sale a cazar ratones, que mata enrollándose alrededor de ellos, hasta asfixiarlos. Durante el invierno, cuando cae la temperatura en su hábitat de América del Norte, esta serpiente entra en un periodo de inactividad, conocido como *brumación*.

Serpientes

SUBORDEN	Serpientes
CLASE	Reptiles
TAMAÑO	Entre 0,1 y 6,95 m de largo
DISTRIBUCIÓN	Todos los continentes, menos la Antártida, así como los océanos Índico y Pacífico
ALIMENTACIÓN	Lagartijas, sapos, pequeños mamíferos, aves, huevos, peces e invertebrados

SELVA

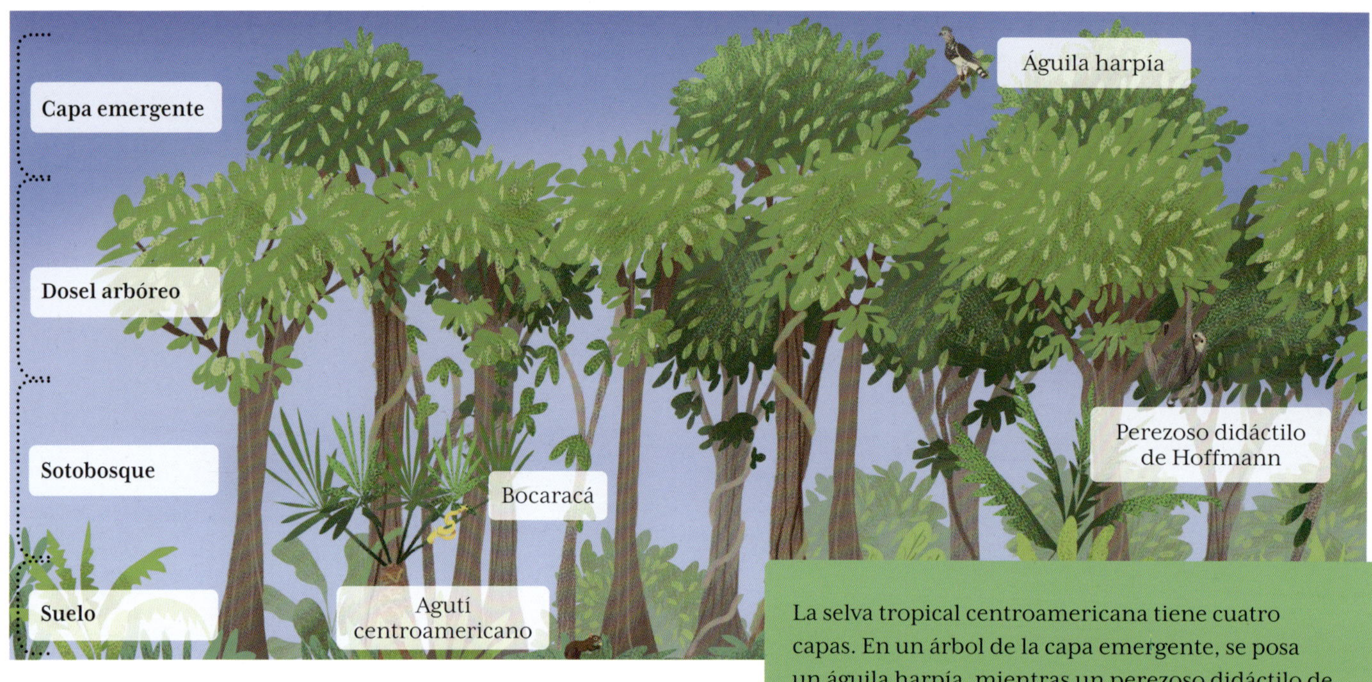

La selva tropical centroamericana tiene cuatro capas. En un árbol de la capa emergente, se posa un águila harpía, mientras un perezoso didáctilo de Hoffmann come hojas en el dosel y una bocaracá busca su próxima presa en el sotobosque, o un agutí come un fruto que encontró en el suelo.

Las selvas se caracterizan por tener precipitaciones abundantes y estar cubiertas de árboles que crecen muy juntos. Estos son, en su mayoría, perennes, es decir, que no pierden las hojas en ningún momento del año. Si bien hay algunas selvas ubicadas en regiones húmedas y templadas, la mayoría se encuentra en regiones tropicales, donde el aire caliente y húmedo hace que las lluvias sean de, al menos, 168 cm al año. Las selvas más importantes están en América del Sur, África Central y el sudeste de Asia.

En una selva se identifican cuatro capas: la emergente, el dosel arbóreo, el sotobosque y el suelo. La capa emergente es la capa superior, a donde llegan las ramas superiores de los árboles más altos y donde los animales pueden volar o planear. Debajo de esta capa, se encuentra el dosel arbóreo, poblado de hojas y ramas entrelazadas que forman el techo que cubre las capas inferiores. Como hay abundantes hojas y frutos, el dosel arbóreo está lleno de herbívoros, desde aves hasta primates, como los monos. En el oscuro y seco sotobosque, abundan plantas como arbustos y lianas, que tienen enormes hojas para atrapar la luz del sol, así como animales, como sapos y serpientes, que se camuflan con la vegetación para esconderse. Por último, el sombrío suelo de la selva se llena de gusanos e insectos que se alimentan de las hojas en descomposición antes de que los atrapen los roedores y pangolines.

Bonobo de la selva del Congo, en África

La selva es el hogar de más de dos tercios de la población mundial de especies de animales y plantas. Sin embargo, es un hábitat que está bajo amenaza, debido a la tala de árboles para la agricultura y la industria de la madera y el combustible. En la actualidad, muchas personas y varias organizaciones gubernamentales y no gubernamentales están trabajando para evitar la destrucción de las selvas y proteger a los animales.

En la selva de la República Democrática del Congo, en África, un pavo real abre sus alas para atraer a las hembras, mientras que un pangolín de cola larga busca hormigas en la rama de un árbol. Al mismo tiempo, el okapi, que pertenece a la familia de la jirafa, arranca hojas y brotes de las ramas con su lengua fibrosa. Estos tres animales están en peligro debido a la destrucción de su hábitat.

Selva del Amazonas

Esta selva, que ocupa una superficie de 5,5 millones de km² alrededor del río Amazonas, es la más grande del mundo y es el hábitat natural de más de un millón de especies de insectos, 1290 aves, 420 mamíferos, 420 anfibios y 370 reptiles.

Algunos de los árboles más altos de la selva, como la nuez de Brasil o la ceiba, miden hasta 88,5 m y viven durante cientos de años. Muchos de los animales que habitan la capa emergente tienen alas, como las mariposas.

En el denso dosel arbóreo, varias aves que comen frutas se comunican entre sí para encontrarse entre las hojas. A su vez, en el silencioso y oscuro sotobosque, los cazadores hambrientos están al acecho, esperando que sus presas salgan de sus escondites. Por último, en el suelo, los animales herbívoros e insectívoros buscan alimento entre las hojas podridas.

TUCÁN PECHIBLANCO

Esta ave, que mide hasta 60 cm de largo, usa su enorme pico para comer frutos de los árboles. Para comunicarse con otros tucanes emite sonidos diversos y golpea el pico.

RANA PUNTA DE FLECHA

Como la mayoría de los anfibios, esta rana pone huevos en el agua: la hembra los deposita en charcos que se forman en las hojas de las bromelias. Por otro lado, el macho cuida a los renacuajos y los transporta en la espalda a otras bromelias. La piel brillante de esta rana les advierte a los depredadores que es venenosa.

GUACAMAYO ESCARLATA

Este loro se alimenta de frutos, nueces e insectos que atrapa con su pico de gran tamaño y en forma de gancho. Como suele moverse en bandada, las manchas coloridas de su plumaje hacen que sea muy difícil para los depredadores identificar un solo guacamayo entre el montón.

MARIPOSA MORPHO RHETENOR

Esta mariposa de 10 cm tiene alas que son azules en la parte superior, mientras que la cara inferior es de color marrón. De este modo, cuando la mariposa aletea, el efecto visual entre el azul y el marrón confunde a los pájaros que son sus depredadores.

TAPIR AMAZÓNICO

Este mamífero usa su hocico largo y curvado para buscar tallos, hojas, frutos y semillas. A menudo, se baña en agua o en barro para mantenerse fresco y para quitarse los insectos que se posan sobre su cuerpo.

YAGUAR

El yaguar es el cazador por excelencia de la selva amazónica, ya que no tiene ningún depredador que lo enfrente. Escondido entre la vegetación del sotobosque, espera pacientemente que aparezcan animales, como el oso hormiguero o el tapir, para atacarlos con una mordedura en el cráneo.

Casuario austral

Esta ave no voladora puede alcanzar una altura de 1,8 m y un peso de 70 kg, similares a una mujer adulta. Habita las selvas de Australia, Papúa Nueva Guinea e Indonesia, y puede llegar a ser muy agresiva si se siente amenazada.

LA VIDA EN EL SUELO

El casuario austral, al igual que otros casuarios, como el boreal y el menor, pertenece al grupo de aves ratites, que incluye también el emú, el ñandú, el avestruz y los kiwis. La mayoría de las ratites no vuelan debido a que tienen músculos y huesos débiles en el pecho y en las alas, además de plumas demasiado suaves, que no son aptas para abrirse paso por el aire.

Sin embargo, estas aves alcanzan un gran tamaño y tienen patas fuertes, lo que les permite correr rápidamente para escapar de los depredadores. Por ejemplo, el casuario austral puede alcanzar una velocidad de 50 km/h y saltar hasta 2 m de altura. Otra característica distintiva de estas aves es que tienen patas de tres dedos. El dedo del medio tiene una garra filosa de unos 12 cm de largo, parecida a un cuchillo, que usa para defenderse. En la selva, los casuarios suelen permanecer escondidos buscando frutos y animales pequeños para alimentarse.

UN CASCO MUY ÚTIL

Al igual que los demás casuarios, el casuario austral tiene un bulto cubierto de piel en la cabeza, en forma de cuerno, llamado *casco*, que crece durante toda la vida del animal y puede llegar a medir 18 cm de altura. El interior del casco es hueco, pero contiene tejidos filamentosos. Los científicos creen que el casco ayuda a que los sonidos que emite el casuario sean más fuertes debido a que estos rebotan en el interior hueco, del mismo modo que las cuerdas resuenan en la madera hueca de una guitarra. Los adultos, que suelen vivir solos, siguen estos sonidos estridentes que producen los demás para encontrar pareja en la densidad de la selva.

Casuario austral

ESPECIE	*Casuarius casuarius*
FAMILIA	Casuarios y emúes
CLASE	Aves
TAMAÑO	Entre 1,3 y 1,7 m de largo
DISTRIBUCIÓN	Papúa Nueva Guinea, Indonesia y el norte de Australia
ALIMENTACIÓN	Frutas, hongos, insectos, lagartijas y ratones

La hembra pone alrededor de cuatro huevos de 14 cm de largo en el nido que prepara el macho, que también se ocupa de cuidar los huevos y a los pichones. Los huevos, de cáscara verde, se camuflan en el suelo de la selva.

El ciruelo casuario es una planta cuyo nombre se debe a que el casuario es el único animal que come sus frutos color púrpura. Las semillas de esta planta se diseminan por la selva gracias a los excrementos del casuario.

Primates

Hace alrededor de 55 millones de años, los primates evolucionaron en la selva, donde aún vive la mayoría de ellos. Estos mamíferos, que incluyen a los monos, los simios, los lémures y los humanos, poseen cerebros de gran tamaño y viven en pareja o en grupos. Varios primates viven en los árboles, que trepan con sus miembros fuertes y sus dedos flexibles.

ORANGUTÁN DE BORNEO

Los orangutanes pertenecen a la gran familia de los simios, junto con los gorilas, los chimpancés, los bonobos y los humanos. Al igual que todos los simios, los orangutanes no tienen cola y son inteligentes. Por ejemplo, usan ramas para abrir frutos, sacar termitas de los nidos o atrapar peces. El orangután de Borneo está en peligro de extinción debido a la tala de árboles en su hábitat natural.

GIBÓN DE MANOS BLANCAS

Si bien el pelo del gibón varía del negro a un color arena, su rostro siempre es negro, mayormente sin pelo, y está rodeado de pelo blanco. Este primate se cuelga de rama en rama con sus brazos extremadamente largos. Cuando baja al suelo, aunque no lo hace muy seguido, camina con sus cortas patas traseras y alza los brazos por sobre la cabeza para mantener el equilibrio.

GUARIBA DE MANOS ROJAS

Este mono vive en los árboles, donde puede sostenerse fácilmente en las ramas con su cola prensil. El guariba es un mono aullador que se comunica emitiendo sonidos y llamados de alerta. Gracias a un hueso de gran tamaño en su garganta, estos sonidos pueden llegar a oírse a 4,8 km de distancia.

TAMARINO EMPERADOR

Este primate posee largos bigotes blancos y es llamado así por su parecido con el emperador alemán Guillermo II (1859–1941). Se alimenta de frutos, flores, sapos e insectos en el dosel arbóreo de la selva amazónica. En esta especie, tanto las hembras como los machos se ocupan de transportar, alimentar y asear a los pequeños.

BONOBO

Además del chimpancé, el bonobo es el pariente más cercano del ser humano. Este primate que habita la selva del Congo se alimenta de frutos, miel, huevos y mamíferos pequeños. Si bien, en ocasiones, los bonobos pelean entre sí, también forman vínculos de amistad que mantienen durante toda su vida, comparten comida y se dan abrazos cuando están afligidos o preocupados.

LÉMUR RUFO BLANCO Y NEGRO

En el dosel arbóreo de la selva de Madagascar, este lémur se alimenta de frutos y vive en grupos dirigidos por las hembras, que se ocupan, entre otras cosas, de elegir alimentos que sean una buena fuente de energía para los pequeños. Además, las hembras construyen los nidos con hojas y cuidan a sus crías durante las primeras semanas de vida.

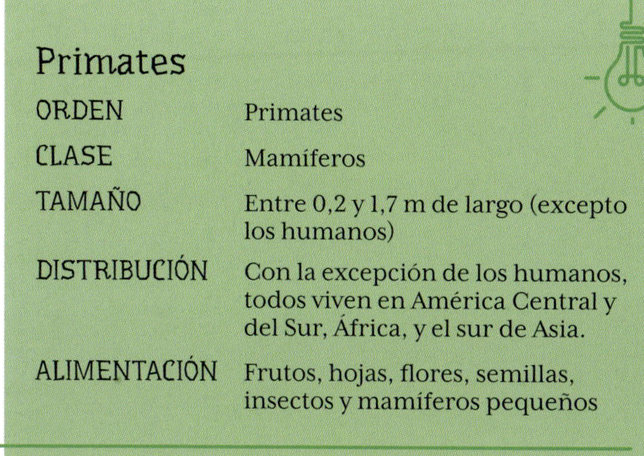

Primates

ORDEN	Primates
CLASE	Mamíferos
TAMAÑO	Entre 0,2 y 1,7 m de largo (excepto los humanos)
DISTRIBUCIÓN	Con la excepción de los humanos, todos viven en América Central y del Sur, África, y el sur de Asia.
ALIMENTACIÓN	Frutos, hojas, flores, semillas, insectos y mamíferos pequeños

CIUDAD

Los pececillos de plata son insectos sin alas que se pueden hallar en la mayoría de las ciudades del mundo, en lugares como baños, áticos, sótanos y cocinas. Allí, estos insectos encuentran su alimento en libros, fotos, alfombras, ropa, cabello humano, café y azúcar. Al mismo tiempo, los pececillos de plata son el alimento de los ciempiés domésticos, que trepan paredes y techos con sus numerosos pares de patas.

Las ciudades son asentamientos humanos modernos, llenos de casas, tiendas y espacios de trabajo. Las carreteras atraviesan las ciudades y, además, las conectan con otras. En la actualidad, más de 500 ciudades superan el millón de habitantes y más de 30 de ellas son megaciudades, es decir, ciudades con más de diez millones de habitantes. Las primeras ciudades se fundaron en el oeste de Asia hace alrededor de 7000 años. Desde entonces, los animales que no pudieron adaptarse a los nuevos entornos han sido expulsados de estos hábitats construidos por el hombre.

En ocasiones, los animales que tienen una dieta específica o necesitan de ciertas condiciones para vivir pueden verse llevados a la extinción a medida que las ciudades crecen, y sus alimentos y refugios desaparecen. A su vez, incluso cuando algunos hábitats de estos animales permanecen, la construcción de carreteras los reduce a áreas más pequeñas. Este fenómeno, que se conoce como *fragmentación de los hábitats naturales*, suele impedir que los animales puedan migrar en busca de alimento o pareja. Otro factor que pone en riesgo la vida de los animales es la contaminación. Tal es el caso del ajolote, un anfibio que está al borde de la extinción debido a la pérdida del lago y a la contaminación del agua en Ciudad de México.

Sin embargo, algunos animales con dietas variadas y que se adaptan mejor a hábitats diversos pueden sobrevivir en las ciudades. Al mismo tiempo, otros animales salvajes permanecen en los reducidos espacios verdes que hay en las ciudades, como bosques, parques, patios y jardines. Estos últimos, entre los que se cuentan pájaros, insectos y arañas, tienen poco contacto con los humanos. Sin embargo, algunos animales salvajes se benefician de la cercanía de las personas y de sus hábitats ya que, por ejemplo, encuentran comida en sus hogares o en la basura que producen. Estos animales, conocidos como *sinantrópicos* (palabra que proviene del griego y significa "junto a los humanos"), encuentran refugios y alimentos con facilidad, lo que les permite prosperar. Por ejemplo, gracias al calor de las ciudades, el ratón pudo expandir su área de distribución.

Araña pavo real de Sídney, Australia

En la ciudad de Tokio, la capital de Japón, viven 14 millones de personas y algunos animales salvajes que, cuando cae la noche, salen de sus escondites en los parques, jardines y zonas menos pobladas. Por ejemplo, el tanuki, que está emparentado con el perro, es un animal nocturno que sale en busca de insectos, roedores, babosas y frutas. A su vez, el murciélago doméstico japonés emerge de su escondite en los techos de los edificios viejos, y es seguido de cerca por el autillo japonés, un búho que es su depredador.

Nueva York

Esta ciudad es la más grande de los Estados Unidos. Allí, viven más de 8 millones de personas que comparten los parques, las calles y sus hogares con varios animales salvajes, entre los que se cuentan desde insectos hasta aves de rapiña.

Algunos de los animales que viven en Nueva York se consideran plagas, porque son perjudiciales o molestos para los humanos. Es el caso de los roedores, que pueden transmitir enfermedades, o de los pequeños invertebrados que pican, como las pulgas o las chinches.

Por otro lado, muchos de los animales que habitan esta ciudad, como varios pájaros, son beneficiosos para los seres humanos. Por ejemplo, las aves de rapiña, como el halcón peregrino, el cernícalo americano o el gavilán de cola roja, se alimentan de plagas. Además, los pájaros cantores, que habitan los parques y jardines de la ciudad, brindan un maravilloso espectáculo con su melodía.

MAPACHE
Este mamífero come desechos, alimento para mascotas, animales muertos, pájaros, insectos y ardillas. Sus dedos flexibles le permiten hurgar entre los botes de basura.

PALOMA BRAVÍA
En la ciudad, viven más de un millón de palomas que descienden de las palomas domésticas que regresaron a un tipo de vida salvaje. A su vez, las palomas domésticas provienen de las palomas salvajes comunes, que originalmente vivían en regiones de Europa, África y Asia, y que por mucho tiempo fueron utilizadas por humanos como comida o para transmitir mensajes.

GAVILÁN DE COLA ROJA

Esta gran ave de rapiña construye su nido en las azoteas, en las salidas de emergencia, sobre puentes o árboles. Desde lo alto, observa los movimientos de sus presas, que incluyen palomas, ratones y ardillas, y luego vuela rápidamente para atraparlas con sus filosas garras.

MOFETA RAYADA

Este mamífero vive en madrigueras ocultas entre el césped de parques como el Central Park. Cuando se siente amenazado, lanza un líquido de olor muy fuerte, que produce en unas glándulas que tiene debajo de la cola.

RATA PARDA

La ciudad de Nueva York alberga alrededor de dos millones de ratas. Estas son, mayormente, ratas pardas que provienen del este asiático y se han diseminado por el mundo. Las ratas viven en grupos de hasta 50 miembros en edificios y alcantarillas, donde se alimentan de insectos y desechos.

CUCARACHA AMERICANA

Este insecto, originario de África, llegó a América en los barcos y vive en lugares húmedos, como alcantarillas, tuberías y sótanos. Entre sus bocadillos preferidos pueden mencionarse los libros, los restos de piel humana, el queso, la cerveza y el té.

Zorro rojo

Este miembro de la familia de los cánidos vive en ciudades, llanuras, bosques y montañas de Europa, Asia, América del Norte y Australia. Los zorros rojos de la ciudad crecen más que los que viven en el campo, gracias a que encuentran más alimentos y menos depredadores.

LA VIDA EN LA CIUDAD

En las ciudades, los zorros rojos se ubican comúnmente en áreas suburbanas con patios y jardines, donde pueden cavar madrigueras para almacenar comida, refugiarse y tener a sus crías. También se los puede encontrar en los centros de las ciudades, en parques y en matorrales al costado de la ruta.

Los zorros de ciudad se alimentan de la comida que encuentran en las bolsas y los contenedores de basura, así como de palomas, ratones, insectos, gusanos, bayas y vegetales. Por lo general, evitan a perros y gatos, que pueden resultarles amenazadores. Suelen cazar con luz tenue, al atardecer o muy temprano en la mañana. Cuando no están de cacería, con frecuencia duermen en matorrales o, si quieren resguardarse del clima, en sus madrigueras. Los días de sol, reposan sobre el césped o encima de los cobertizos. Como transmiten enfermedades, no es conveniente que los humanos se les acerquen demasiado.

FAMILIA DE ZORROS

Los zorros rojos suelen vivir en pareja, junto a sus cachorros. En su guarida, las hembras paren entre 4 y 6 cachorros durante la primavera. Los recién nacidos no tienen dientes, son ciegos y sordos y se alimentan de leche materna, mientras se acurrucan junto a su madre para mantenerse cálidos.

Luego de 3 o 4 semanas, los cachorros ya pueden morder, ver y oír, por lo que se aventuran fuera de la madriguera para comer el alimento que les llevan sus padres. Mientras que algunos zorros se convierten en adultos a los 9 o 10 meses y dejan a sus padres, otros se quedan para cuidar a los más pequeños.

Al nacer, los cachorros tienen ojos azules, que cambian a marrones y anaranjados cuando cumplen 5 semanas de vida. Su pelaje es marrón, lo que les permite camuflarse mejor en las madrigueras frente al pelaje de color rojo que tienen los adultos.

Zorro rojo

ESPECIE	*Vulpes vulpes*
FAMILIA	Cánidos
CLASE	Mamíferos
TAMAÑO	Entre 0,75 y 1,45 m de largo
DISTRIBUCIÓN	América del Norte, Europa, norte de África, Asia y Australia
ALIMENTACIÓN	Desechos, pequeños mamíferos, aves, insectos, gusanos y frutas

Las orejas grandes y rectas del zorro rojo le permiten canalizar los sonidos hacia el interior del oído. Por eso, los zorros tienen la capacidad de oír el chillido de un ratón a 100 m de distancia.

Arañas

Las arañas pertenecen a un grupo de invertebrados llamados *arácnidos*, que tienen el cuerpo dividido en dos partes y ocho patas. Además, las arañas tienen órganos para producir seda y colmillos huecos, que usan para inyectar veneno. En las ciudades, algunas arañas prosperan gracias al ambiente cálido y la abundancia de pequeñas presas.

ARAÑA CEBRA

Esta araña, que mide entre 5 y 9 mm de largo, vive en jardines y hogares en América del Norte, Europa y el norte de Asia. Para atrapar a sus presas, las persigue y luego se abalanza sobre ellas de un salto, a diferencia de las arañas que tejen telarañas. La araña cebra tiene dos ojos delanteros grandes y otros seis ojos más pequeños, para encontrar, perseguir y calcular la distancia a la que se encuentran sus presas.

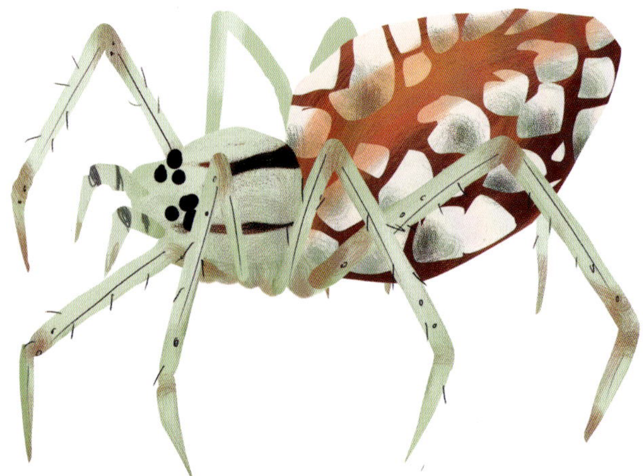

ARAÑA ESPEJO

Esta araña pequeña habita en jardines y patios en el sudeste de la ciudad de Singapur, en Asia. Como todas las arañas, tiene un cuerpo dividido en dos partes: por un lado, el cefalotórax contiene los ojos, las partes de la boca y las patas y, por el otro, el abdomen contiene el corazón, el estómago y los órganos que producen seda. Además, en el abdomen posee parches que reflejan la luz del sol, lo que hace que su figura sea difícil de distinguir por parte de los depredadores.

VIUDA NEGRA AUSTRALIANA

Las hembras de esta especie suelen tejer sus desprolijas telarañas de seda en hogares humanos en Australia. Cuando un insecto queda atrapado en la tela, lo muerden para inyectarle veneno, envolverlo en seda y comerse sus órganos. Mientras tanto, los machos, que son de menor tamaño, permanecen en los bordes de las telarañas y se comen las sobras. Estas arañas son peligrosas para los humanos, que necesitan un tratamiento con antídotos en caso de ser picados.

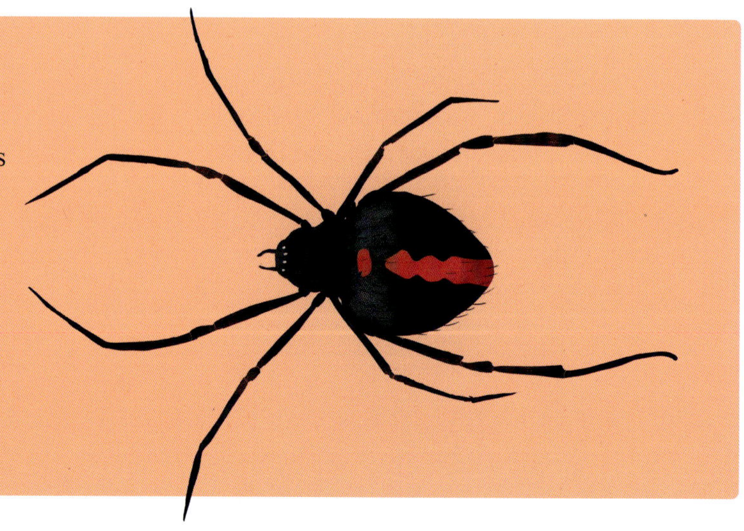

ARAÑA PAVO REAL

Los machos tienen un abanico de colores llamativos en las escamas y pelos del abdomen, para atraer pareja. Las hembras, por su parte, tienen el abdomen marrón, lo que les permite camuflarse entre las hojas y las ramas. Estas arañas miden solo 5 mm de largo.

ARAÑA DE SEDA DORADA

Esta araña debe su nombre al color de la seda que usa para su telaraña. El color dorado resulta llamativo para las abejas, pues les recuerda al color de algunas flores. Estas arañas abundan en los parques y jardines de las ciudades australianas, donde crecen con más fuerza y ponen más huevos que en sus hábitats salvajes.

ARAÑA DE PATAS LARGAS

Si bien el cuerpo de esta araña suele medir 8 mm de largo, sus patas superan los 48 mm. Las marcas que tiene en el abdomen simulan la figura de un cráneo humano. Esta especie es originaria de las regiones cálidas de Asia, pero ha sido diseminada por el mundo, de manera accidental, por los seres humanos. En las regiones más frías, esta araña se refugia en los hogares de las personas.

Arañas

ORDEN	Arañas
CLASE	Arácnidos
TAMAÑO	Entre 0,04 y 13 cm de largo (sin contar las patas)
DISTRIBUCIÓN	Todos los continentes, con la excepción de la Antártida, y todas las regiones, excepto la polar
ALIMENTACIÓN	Insectos, arácnidos, plantas, lagartijas, sapos, peces, ratones y aves

HUMEDAL

La jacana del norte vive en pantanos y ciénagas de América Central, México y el Caribe. Sus dedos largos y sus garras sostienen el peso de su cuerpo, para que pueda caminar sobre los nenúfares, y buscar insectos, caracoles, gusanos y cangrejos .

Los humedales existen en todos los continentes, excepto en la Antártida. Se trata de áreas de tierra que están cubiertas de agua, ya sea en forma permanente o por un periodo de tiempo determinado. Los humedales se ubican en el límite entre regiones secas y regiones acuáticas, como arroyos, ríos, lagos y océanos. El agua que cubre un humedal puede ser salada, dulce o una mezcla de ambas, lo que se da en las zonas costeras y se conoce como *agua salobre*. En los humedales crecen plantas acuáticas.

Existen distintos tipos de humedales, que pueden clasificarse según el tipo de agua que reciben. Por ejemplo, los humedales estuarinos se cubren de agua cuando sube la marea, lo que sucede una o dos veces al día, mientras que las llanuras inundables son áreas bajas que se inundan con el agua que rebalsa de los ríos y los lagos. Por otro lado, los humedales también varían según el tipo de plantas acuáticas que crecen en ellos. Así, los pantanos están llenos de pastizales, juncos y cañas; en las ciénagas crecen árboles que resisten el agua; y, en las marismas, el suelo está cubierto de un material que se produce a partir de plantas muertas, conocido como *turba*.

Algunos animales pasan toda su vida en los humedales, mientras que otros solo cumplen allí algún ciclo o etapa.

Sapo leopardo del este de Norteamérica

Como son áreas que ofrecen refugio y alimento abundante para los peces y los anfibios, los humedales son los lugares elegidos por estos animales para reproducirse. Los pájaros, en cambio, eligen los humedales para comer y formar sus nidos, o como paradas estratégicas en sus rutas migratorias. Los mamíferos, reptiles e invertebrados que habitan los humedales tienen adaptaciones específicas para vivir allí, como pelaje impermeable, patas palmeadas o la capacidad de nadar con facilidad.

En la región pantanosa de La Camarga, en Francia, el humedal se forma en la unión del río Ródano con el mar Mediterráneo. Allí, el camargue tiene pezuñas duras y anchas, que evitan que se hunda en el suelo empantanado. Los flamencos, por su parte, se posan sobre sus patas largas y atrapan camarones y algas con el pico. Aunque los jóvenes caballitos del diablo viven en el agua, los adultos, que tienen alas, se posan sobre los juncos para atrapar insectos.

Sundarbans

En el límite entre India y Bangladesh, en las tierras bajas donde los ríos Ganges y Brahmaputra desembocan en el océano Índico, se ubica el Sundarbans, el bosque de mangles más grande del mundo. En este vasto humedal, convergen la tierra, el agua dulce y el agua salada.

En el Sundarbans, los mangles viven en agua salada, dulce y salobre, con sus raíces largas y sus hojas por encima de la marea. En esta región se forman marismas, o porciones de terreno bajo y pantanoso, que se encuentran rodeados por numerosos arroyos y brazos que desembocan en el mar. Tanto los peces del océano como los de agua dulce, así como los cangrejos y otros invertebrados, usan las raíces enmarañadas de los árboles para depositar sus huevos. Además, 290 especies de aves viven en este humedal o lo habitan durante el invierno. Por otro lado, 42 especies de mamíferos, 35 de reptiles y 8 de anfibios viven en el Sundarbans todo el año.

GATO PESCADOR

Este felino atrapa peces con sus garras acercándose al agua, o zambulléndose directamente. Cuando sale del agua, se seca sacudiendo su pelaje grueso e impermeable.

GALÁPAGO BATAGUR

Este reptil pasa la mayor parte del tiempo en el agua, pero se acerca a la orilla o reposa sobre un tronco para calentarse al sol. Durante la temporada de apareamiento, la piel del cuello y las patas delanteras de los machos se vuelven de color rosa brillante para atraer la atención de las hembras.

ALCIÓN CAPIROTADO

Este pájaro se posa sobre una rama cerca del agua y, al divisar un pez, vuela rápidamente para atraparlo con su pico largo y ancho. Cuando baja la marea, se alimenta de pequeños cangrejos que encuentra en las marismas.

SALTARÍN DEL FANGO

Este pez vive en una madriguera en las marismas, donde atrapa cangrejos. Además, tiene la capacidad de "saltar" en el lodo con sus aletas pectorales dorsales, como si fueran patas. Aunque la mayoría de los peces solo respiran en el agua mediante branquias, el saltarín del fango puede sobrevivir varias horas inhalando oxígeno a través de la piel húmeda.

BARRAMUNDI

Las hembras ponen hasta 32 millones de huevos en los mangles cada año. Cuando los peces salen de sus huevos, se alimentan de pequeños animales, larvas y huevos que encuentran en abundancia en el agua cálida.

CANGREJO HERRADURA DEL MANGLAR

Aunque su nombre no lo indique, este invertebrado está más íntimamente relacionado con las arañas que con los cangrejos. Protegido por su coraza firme, este animal se desplaza por el fondo del agua llena de lodo buscando larvas de insectos, que luego tritura con las cerdas que tiene en las patas, dado que carece de mandíbula.

Caimán del río Misisipi

Este caimán es el superdepredador más importante en los pantanos de agua dulce del sudeste de los Estados Unidos. Pertenece al orden de los crocodilios, compuesto por reptiles grandes y fuertes, entre los que también se cuentan los cocodrilos y los gaviales.

LA VIDA EN EL PANTANO

Al igual que otros crocodilios, el caimán del río Misisipi pasa parte de su vida en la tierra y parte de su vida en el agua, donde nada balanceando su cola musculosa. Caza tanto en la tierra como en el agua, y es capaz de saltar a una altura de 1,5 m en el aire para atrapar pájaros. Su hocico alargado contiene hasta 80 dientes filosos y cónicos, que se caracterizan por morder con más fuerza que los dientes de otros animales: la fuerza de la mordedura supera los 13 000 newtons (1 newton es igual a la fuerza que se necesita para lanzar una masa de 1 kg a una distancia de 1 m en 1 segundo).

Las hembras ponen de 20 a 50 huevos en un nido ubicado cerca del agua, hecho de hojas y lodo. Luego, usan hojas para cubrir los huevos y mantenerlos calientes, ya que, cuando las hojas entran en descomposición, la temperatura aumenta. Los huevos que alcanzan una temperatura de 32,5 a 33,5 °C producen machos, mientras que de los huevos que superan o que no alcanzan esos grados, nacen hembras. Las hembras adultas permanecen cerca de los huevos para protegerlos, hasta que eclosionan.

UN ANIMAL MUY IMPORTANTE

El caimán del río Misisipi se considera una especie clave debido al efecto que produce en los demás animales de su hábitat. Además de ser el mayor predador de su ecosistema, este caimán se destaca por otros motivos. Por ejemplo, con el hocico y las patas, el caimán cava pozos que se llenan de agua, para refrescarse durante la estación seca. Estos pozos no solo benefician a su especie, sino que se convierten, además, en un lugar para que los animales acuáticos más pequeños, como los peces, las tortugas y los sapos, puedan sobrevivir a las sequías, si bien algunos de ellos acaban convirtiéndose en presas de los caimanes.

Caimán del río Misisipi

ESPECIE	*Alligator mississippiensis*
FAMILIA	Aligátores y caimanes
CLASE	Reptiles
TAMAÑO	Entre 3,4 y 4,8 m de largo
DISTRIBUCIÓN	Sudeste de los Estados Unidos, desde Texas a Carolina del Norte
ALIMENTACIÓN	Peces, tortugas, sapos, pájaros, serpientes y mamíferos, como mapaches y panteras de Florida

Los caimanes pequeños permanecen con su madre durante dos años.

Cuando sale del agua, el caimán del río Misisipi reposa sobre un tronco o en las orillas para calentarse con el sol. Su piel resistente está protegida por escamas huesudas cubiertas de cuernos.

Ranas y sapos

Estos anfibios pertenecen al orden de los anuros. Tienen ojos saltones y patas traseras largas para poder saltar, pero no tienen cola. En general, ponen huevos en agua dulce. Los jóvenes, a los que se conoce como *renacuajos*, viven en el agua, mientras que la mayoría de los adultos viven en la tierra, pero permanecen cerca de fuentes de agua dulce, o en bosques húmedos.

RANA RAYADA DEL PANTANO

Como la mayoría de los anuros, la rana rayada del pantano sufre una serie de cambios, conocidos como *metamorfosis*. Los adultos ponen huevos en estanques o zanjas y, cuando estos eclosionan, se convierten en renacuajos, que tienen cola, pero no tienen patas. Los renacuajos nadan, se alimentan de algas y respiran en el agua mediante branquias. Cuando pasan unos meses, los renacuajos pierden la cola, y desarrollan patas y pulmones, para respirar fuera del agua. Además, la boca se vuelve más grande, lo que les permite comer insectos y babosas.

SAPO CORNUDO DE BRASIL

Gracias a su lengua fuerte y pegajosa, este sapo de 30 cm de largo atrapa presas grandes, como ratones. Su boca es ancha y posee dientes filosos en la mandíbula superior. Este anfibio se esconde entre las hojas húmedas, ya que sus cuernos, que parecen hojas, y el color amarillo y verde de su piel le permiten camuflarse. Como su cuerpo es pesado y achatado y sus patas son cortas, se arrastra lentamente en vez de saltar.

SAPO TOMATE

El sapo tomate recibe ese nombre debido al color rojo de su piel. Vive en pantanos, ciénagas y estanques, donde exhibe su piel colorida como una señal de alerta para los depredadores, ya que se trata de un sapo venenoso, que emana veneno por la piel. Cuando se siente amenazado, este sapo puede inflarse para amedrentar a los depredadores y volverse más difícil de tragar.

RANA TIGRINA

Esta rana, que mide hasta 17 cm de largo, suele vivir en pozos en los campos inundados de arroz. Durante la temporada de apareamiento, la piel de los machos cambia de color verde oliva a amarillo brillante, con sacos azules en la garganta. En el interior de estos sacos elásticos, rebota el sonido que emiten para aparearse, de forma que este se escuche con más fuerza. Los machos de colores más llamativos y que emiten llamados de atención más fuertes son los que consiguen más parejas.

ODORRANA ISHIKAWAE

Aunque la mayoría de las ranas de los humedales se ubican cerca de aguas calmas o estancadas, esta rana japonesa vive en los arroyos y en las cascadas de las montañas. La odorrana ishikawae pone huevos en rocas cubiertas de musgo en las orillas. Los renacuajos permanecen en charcos que se forman entre las rocas, para mantenerse a salvo de la corriente.

SAPO LEOPARDO

Este sapo nocturno vive cerca de estanques, pantanos y en cuevas y minas inundadas en América del Norte. Aunque solo mide 9 cm de largo, sus patas traseras son tan fuertes y largas que le permiten dar saltos de 90 cm de altura. Las hembras ponen 1500 huevos en plantas acuáticas, junto a los huevos de otras hembras, para mantenerlos calientes.

Ranas y sapos

ORDEN	Anura
CLASE	Anfibios
TAMAÑO	Entre 0,7 y 32 cm de largo
DISTRIBUCIÓN	Todos los continentes, excepto la Antártida y algunas islas aisladas
ALIMENTACIÓN	Insectos, gusanos, caracoles, otros sapos, ratones y serpientes

COSTA

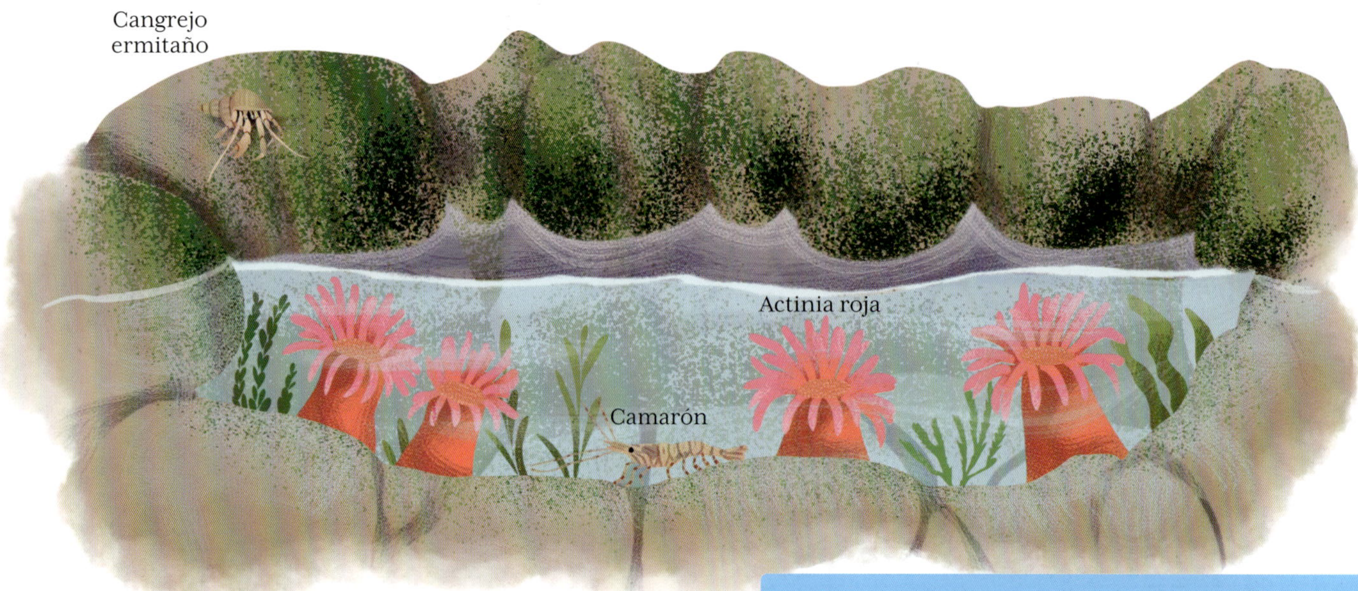

Cuando la marea baja, se forman pozas de marea con agua del océano. En la costa atlántica europea, los habitantes de una poza de marea incluyen a los camarones y las actinias rojas, que usan sus tentáculos punzantes para atrapar a los animales pequeños. Por otro lado, el cangrejo ermitaño (que, en realidad, no es un cangrejo) vive en las conchas que descartan los caracoles marinos.

Las costas se forman cuando un océano o un lago se encuentran con la tierra. La naturaleza de una costa depende del tipo de roca y del suelo, además de la manera en la que rompen las olas allí. Por ejemplo, las playas son áreas casi planas, cubiertas de lodo, rocas, caracoles o corales, que, debido a la erosión, se transformaron en pequeñas piedras o granos diminutos de arena que transportan las olas. En cambio, los acantilados son pendientes pronunciadas de rocas que se han formado con la fuerza de las olas, que desgasta la piedra, hasta que se desmorona y cae.

La costa marítima se divide en tres zonas. La más baja es la zona infralitoral, que está siempre cubierta de agua, pero está cerca de la orilla, por lo que los animales y las plantas son constantemente asediados por las olas. Por encima de la zona infralitoral, se ubica la zona intermareal, que, si bien también permanece cubierta de agua cuando la marea sube, cuando la marea baja, queda expuesta al aire, el viento y la luz del sol. Finalmente, la zona más alta, conocida como *zona supralitoral*, nunca está por debajo del agua, sino que es salpicada por las olas de agua salada. En general, en estas zonas solo sobreviven las plantas más resistentes y bajas, o las algas marinas.

Los animales que viven en las costas deben adaptarse a las condiciones desfavorables y cambiantes del entorno. Cuando la marea sube, la mayoría de las aves se alejan de la orilla, mientras que otras vuelan tierra adentro para alejarse de las tormentas oceánicas. Algunos invertebrados, como los mejillones o los percebes, se aferran a las rocas para que la marea no se los lleve; cuando la marea baja, estos animales suelen enterrarse en la arena o esconderse entre las algas para mantenerse húmedos.

Cangrejo Halloween de las costas centroamericanas

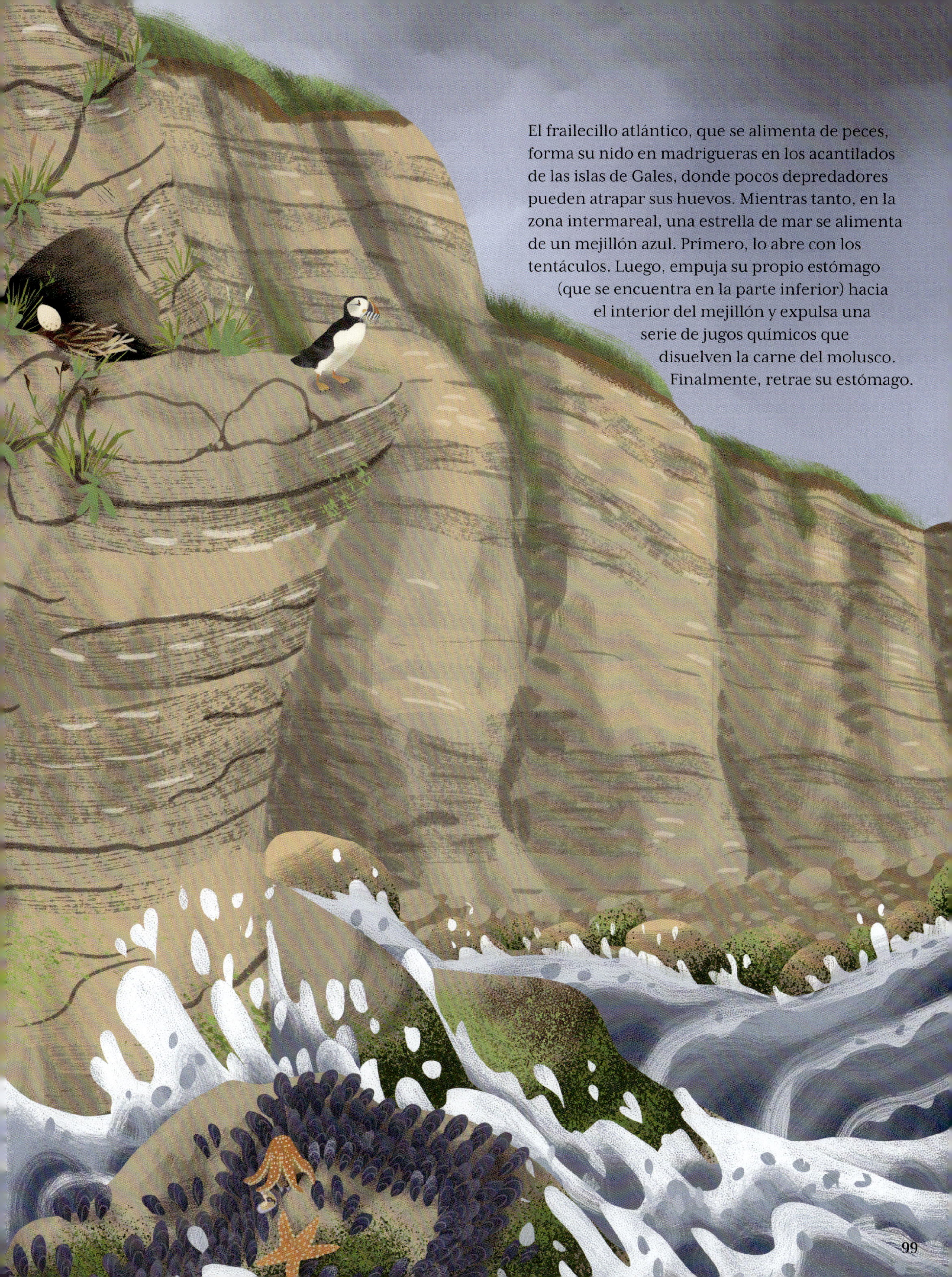

El frailecillo atlántico, que se alimenta de peces, forma su nido en madrigueras en los acantilados de las islas de Gales, donde pocos depredadores pueden atrapar sus huevos. Mientras tanto, en la zona intermareal, una estrella de mar se alimenta de un mejillón azul. Primero, lo abre con los tentáculos. Luego, empuja su propio estómago (que se encuentra en la parte inferior) hacia el interior del mejillón y expulsa una serie de jugos químicos que disuelven la carne del molusco. Finalmente, retrae su estómago.

Victory Beach

La playa Victory Beach de Nueva Zelanda debe su nombre al buque a vapor Victory, que encalló allí en 1861. En esta playa, las dunas están cubiertas de pingao (o *Ficinia spiralis*) y *Ammophila*, mientras las algas marinas llegan a la orilla con las olas. Victory Beach suele ser visitada por distintos animales en peligro de extinción.

Muchos animales, en especial aves y mamíferos, eligen Victory Beach para encontrar pareja. Por ejemplo, los pingüinos y los lobos marinos, que pasan la mayor parte de sus vidas en el mar, deben regresar a tierra firme para poner huevos o dar a luz. Por otro lado, algunas aves se han adaptado a vivir en la playa en forma permanente, gracias a sus patas largas y palmeadas para caminar en el agua y no hundirse en la arena blanda.

La mayoría de los invertebrados de Victory Beach son excavadores, es decir, se esconden debajo de la arena para protegerse de los depredadores y para que no se los lleven las olas. En general, estos animales suelen salir de su escondite para alimentarse, cuando sube la marea.

CIGÜEÑUELA AUSTRALIANA

Esta ave, que tiene patas largas como zancos, se alimenta de invertebrados que busca en la orilla, cavando la arena con su pico largo y puntiagudo. La cigüeñuela australiana forma su nido en áreas de terreno rodeado de arena, rocas y pastizales, donde sus huevos se camuflan con los caracoles amarillentos y rojizos.

ESPÁTULA REAL

Conocida también por su nombre maorí, *kotuku ngutupapa*, esta ave de patas largas encuentra alimento sumergiendo su pico con forma de espátula en el agua y balanceándolo de un lado a otro, hasta que entran peces, caracoles o cangrejos. Cuando atrapa una presa, la espátula real cierra el pico.

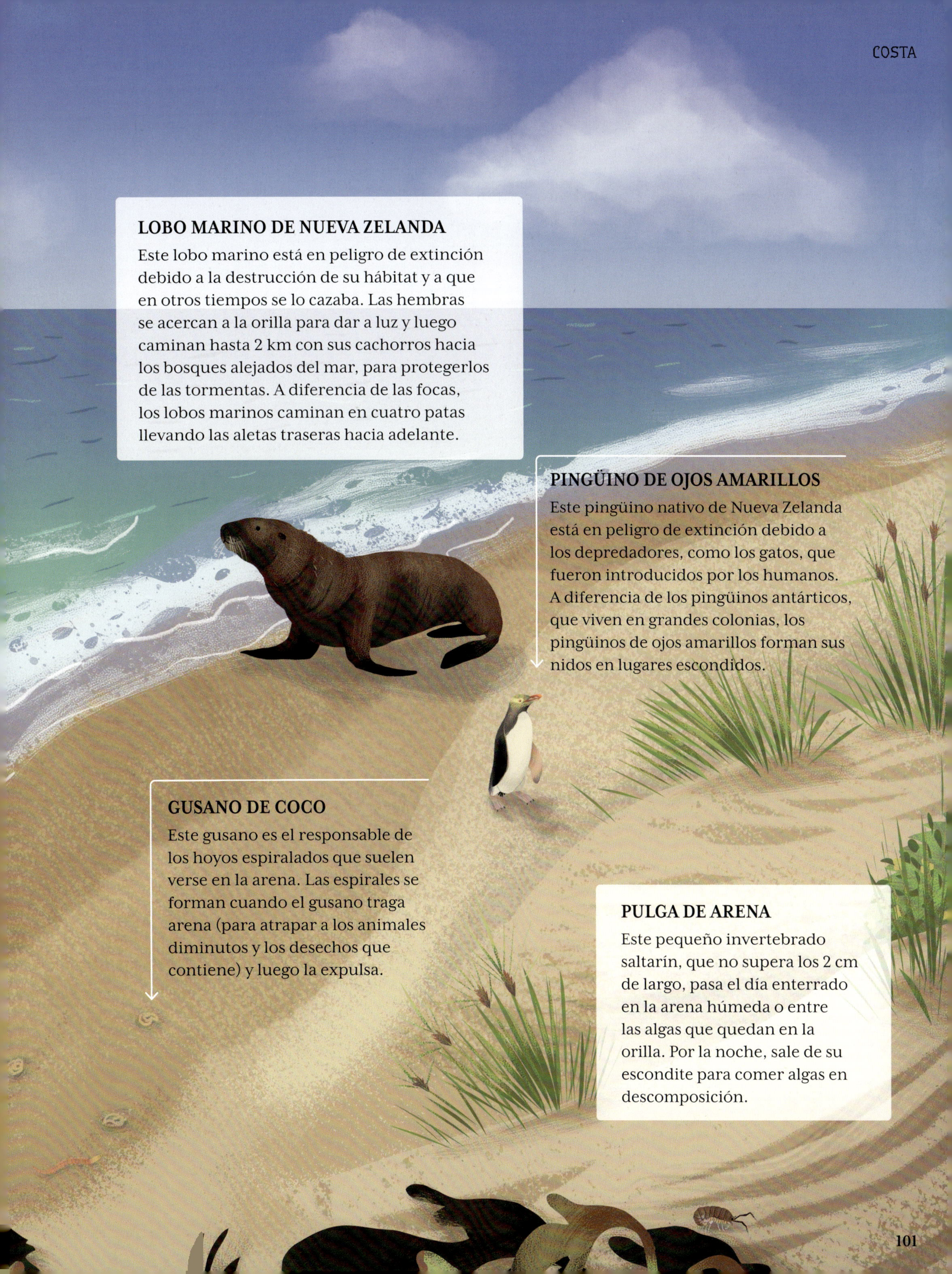

LOBO MARINO DE NUEVA ZELANDA

Este lobo marino está en peligro de extinción debido a la destrucción de su hábitat y a que en otros tiempos se lo cazaba. Las hembras se acercan a la orilla para dar a luz y luego caminan hasta 2 km con sus cachorros hacia los bosques alejados del mar, para protegerlos de las tormentas. A diferencia de las focas, los lobos marinos caminan en cuatro patas llevando las aletas traseras hacia adelante.

PINGÜINO DE OJOS AMARILLOS

Este pingüino nativo de Nueva Zelanda está en peligro de extinción debido a los depredadores, como los gatos, que fueron introducidos por los humanos. A diferencia de los pingüinos antárticos, que viven en grandes colonias, los pingüinos de ojos amarillos forman sus nidos en lugares escondidos.

GUSANO DE COCO

Este gusano es el responsable de los hoyos espiralados que suelen verse en la arena. Las espirales se forman cuando el gusano traga arena (para atrapar a los animales diminutos y los desechos que contiene) y luego la expulsa.

PULGA DE ARENA

Este pequeño invertebrado saltarín, que no supera los 2 cm de largo, pasa el día enterrado en la arena húmeda o entre las algas que quedan en la orilla. Por la noche, sale de su escondite para comer algas en descomposición.

Iguana marina

La iguana marina vive en las islas Galápagos del océano Pacífico y es la única lagartija del mundo que pasa tiempo en el mar. En general, vive en colonias con otras 20 a 500 iguanas (o incluso 1000) en las rocas de zonas costeras, sin embargo, también se la puede encontrar en playas con arena o en pantanos de mangles.

EL ALIMENTO DE LAS IGUANAS

La iguana marina se alimenta de algas, que son seres vivos simples, parecidos a las plantas, que crecen en el agua y que suelen adoptar la forma de un manto o de tallos frondosos. Las iguanas hembras y las más jóvenes comen las algas que crecen en la orilla o las que quedan expuestas cuando baja la marea. Por su parte, los machos, que tienen miembros más fuertes y pulmones más grandes, se sumergen hasta 30 m de profundidad para alimentarse y pueden pasar hasta una hora bajo el agua, sin necesidad de salir a respirar.

Durante los primeros meses de vida, las iguanas pequeñas comen el excremento de los adultos, de donde obtienen bacterias que viven en sus intestinos y que las ayudan a digerir las algas más fibrosas.

La iguana marina macho posee un gran tamaño y nada sacudiendo su cola achatada. Además, se desplaza sobre las rocas del lecho marino sosteniéndose con sus garras largas y filosas. Estas iguanas tienen los huesos más pesados que las iguanas terrestres, lo que les permite llegar al fondo del mar con más facilidad.

PREPARADAS PARA SU HÁBITAT

La iguana marina tiene la nariz chata y pequeña y los dientes filosos, para poder arrancar las algas que están entre las piedras. Cuando come, la iguana ingiere sal del agua y de las algas. Sin embargo, el exceso de sal puede dañar los órganos de las iguanas, por lo que estos reptiles están equipados con glándulas especiales en sus fosas nasales que filtran la sal de la sangre y luego la expulsan.

La piel de los machos se vuelve rosada durante la época de apareamiento.

Al igual que los demás reptiles, la iguana marina no puede regular la temperatura de su cuerpo. Las aguas de las islas Galápagos son bastante frías, con temperaturas que varían entre los 11 y los 23 °C, por lo que este reptil reposa al sol para calentarse después de nadar. Además, la iguana tiene piel oscura, lo que le permite absorber más calor que las pieles pálidas (que reflejan la luz del sol, en vez de absorberla) y una hilera de pinchos en la espalda, que también absorben rápidamente el calor. Por la noche, la mayoría de las iguanas marinas se amontonan entre sí para generar calor, o se esconden entre las rocas o debajo de las plantas.

Iguanas marinas

ESPECIE	*Amblyrhynchus cristatus*
FAMILIA	Iguanas
CLASE	Reptiles
TAMAÑO	Entre 0,3 y 1,4 m de largo
DISTRIBUCIÓN	Islas Galápagos en el océano Pacífico
ALIMENTACIÓN	Algas, excrementos y pequeños invertebrados

Cangrejos

Los cangrejos son invertebrados decápodos (que tienen 10 patas); poseen 8 patas que usan para caminar, más dos delanteras que tienen pinzas en los extremos. Además, los cangrejos tienen una carcasa rígida, llamada *exoesqueleto*. Como viven en el agua o cerca de ella, se encuentran, a menudo, en las costas. Existen alrededor de 4500 especies de cangrejos.

CANGREJO ROJO DE ROCA

Estos cangrejos viven en las costas rocosas. La hembra transporta los huevos en su cuerpo, debajo de la aleta de la cola. Cuando las larvas espinosas eclosionan, la hembra las libera en el océano. Luego, cuando las larvas se convierten en adultos jóvenes, se dirigen a la orilla del mar. Estos jóvenes son de color negro, lo que les permite camuflarse entre las rocas. Cuando crecen y la coraza les queda chica, la descartan y desarrollan una más nueva y brillante.

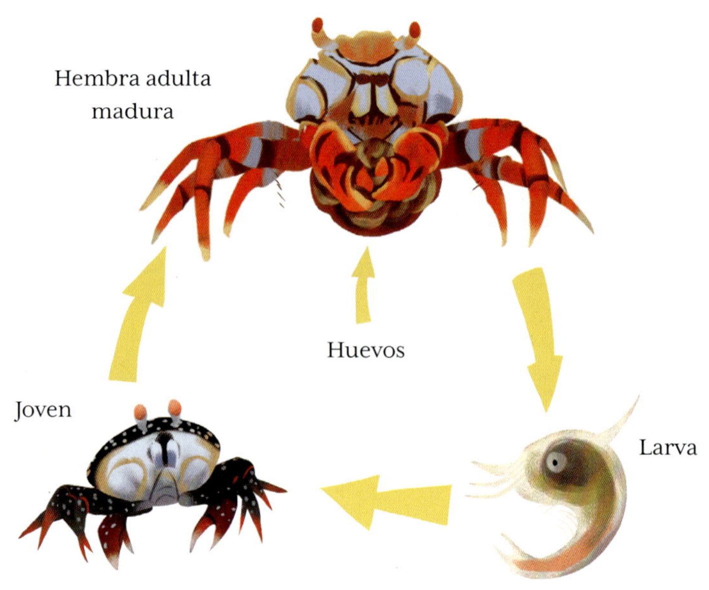

NÉCORA

Este cangrejo tiene pelos cortos que se parecen al terciopelo y se lo puede reconocer fácilmente por sus ojos rojos. Se encuentra en las pozas de la marea y en aguas poco profundas, donde nada con sus patas traseras, que parecen remos. Se alimenta de peces y camarones que atrapa con sus pinzas filosas.

CANGREJO DE ALGAS MARINAS

Este cangrejo vive en la zona intermareal, es decir, en las áreas de las orillas que están por encima del agua cuando la marea baja y por debajo del agua cuando sube. El cangrejo de algas marinas se alimenta de algas kelp, entre otras. En la coraza, estos cangrejos tienen cerdas que funcionan como ganchos, donde quedan atrapados segmentos de algas kelp, para poder comer cuando lo desee.

CANGREJO VIOLINISTA

Los machos tienen una pinza mucho más grande que la otra, y la utilizan para pelear con otros cangrejos. Las hembras escogen como pareja a machos con pinzas grandes que pueden mover vigorosamente. Estos son indicadores de que el macho es saludable y de que podrá cavar una madriguera espaciosa, donde la hembra pondrá los huevos.

CANGREJO HALLOWEEN

Este cangrejo cava su madriguera entre los mangles y las dunas o en bosques costeros en América Central. Por la noche, sale de su escondite y trepa troncos con sus pinzas, en busca de hojas, que luego lleva a la madriguera para comerlas a salvo.

CANGREJO FANTASMA DEL ATLÁNTICO

Este cangrejo, bien camuflado por su color pálido, vive en una madriguera que cava con las pinzas en la arena, cerca de la orilla. Con sus ojos saltones, vigila el entorno cuidadosamente. El cangrejo fantasma solo entra al agua para dejar a sus larvas o para humedecerse las branquias, pues, como todos los cangrejos, respira a través de branquias que deben estar húmedas para absorber el oxígeno.

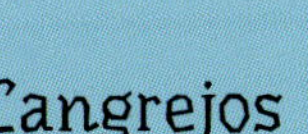

Cangrejos

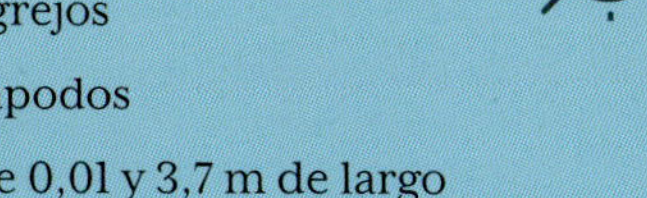

INFRAORDEN	Cangrejos
ORDEN	Decápodos
TAMAÑO	Entre 0,01 y 3,7 m de largo
DISTRIBUCIÓN	Todas las zonas costeras y zonas de agua dulce de todos los continentes, excepto la Antártida
ALIMENTACIÓN	Algas, plantas, invertebrados, peces y desechos

MAR COSTERO

El manatí del Caribe, mamífero y pariente lejano del elefante, vive en las aguas poco profundas de la costa marina, donde se alimenta de hierbas marinas con su hocico flexible.

En el mar que bordea la costa convergen la tierra y las aguas poco profundas, iluminadas por el sol y pobladas por plantas y algas que necesitan luz solar para fabricar su alimento. Estas plantas incluyen, por ejemplo, las hierbas marinas, con hojas parecidas al césped, que forman praderas debajo del agua, tanto en las costas polares como en las regiones tropicales. Al mismo tiempo, bosques de algas kelp crecen en aguas costeras polares y en regiones templadas. Los arrecifes de coral, por su parte, se ubican en las aguas poco profundas y transparentes de la zona tropical. Estos arrecifes son estructuras submarinas construidas por pequeños animales llamados *pólipos de coral*, que necesitan de la luz del sol para obtener energía de las pequeñas algas que viven en su interior. Estas algas utilizan la luz solar para producir azúcar y obtener energía, que luego comparten con su huésped.

Alrededor del 90% de los animales marinos viven en los mares costeros, que cubren aproximadamente 230 km de superficie terrestre. Allí, las plantas, algas y corales se convierten en la fuente alimenticia de muchos animales marinos, al mismo tiempo que funcionan como refugio tanto para presas como para depredadores. Por ejemplo, varios peces e invertebrados, como el camarón, ponen sus huevos allí para que estén a salvo, antes de adentrarse en el océano.

Tiburón martillo gigante de las costas de los océanos Atlántico, Índico y Pacífico

Los mares costeros están expuestos al peligro de la acción humana, ya que reciben desechos de fábricas, granjas y ciudades. Además, las construcciones a lo largo de la costa pueden dañar los hábitats y producir contaminación sonora y lumínica que interrumpen el ritmo vital de los animales. A su vez, en el mar costero se realiza pesca en abundancia, y algunos métodos de esta práctica pueden resultar perjudiciales para las especies marinas. Tal es el caso del uso de redes y de la sobrepesca, que ocurre cuando se pescan demasiados individuos de una misma especie, lo que impide que los peces que quedan se reproduzcan lo suficientemente rápido como para compensar la pérdida.

Existen más de 20 especies de algas kelp que crecen en los bosques submarinos de California, en los Estados Unidos. Las algas kelp más altas pueden alcanzar los 30 m de altura y forman una capa que cubre la superficie del océano. Las nutrias marinas duermen la siesta enredadas en algas marinas, para que no se las lleve la corriente. En este bioma hay también pulpos rojos, que se alimentan de caracoles de anillo púrpura que, a su vez, se alimentan de algas.

Arrecifes del mar Rojo

El mar Rojo es un golfo del océano Índico entre África y Asia. Este mar costero, que ocupa alrededor de 2000 km de superficie, se caracteriza por tener aguas poco profundas y cálidas, que albergan a casi 200 especies de coral y a más de 1200 especies de peces.

El agua cálida y cristalina del mar Rojo resulta ideal para los corales que forman arrecifes, dado que este mar es uno de los cuerpos de agua más cálidos del mundo, con una temperatura en la superficie de alrededor de 28 °C en verano y de 22 °C en invierno.

Sin embargo, los corales están sufriendo los efectos del calentamiento global, que trae como consecuencia un aumento de la temperatura en el mar. Cuando la temperatura supera los 30 °C, los pólipos de coral se estresan y expulsan las algas que están en su interior, de las que obtienen energía. Como resultado, se produce un efecto conocido como *blanqueamiento de corales*, dado que los corales, al debilitarse, pierden el color y se vuelven blancos, lo que indica que están enfermos.

HIPOCAMPO DE CORALES BLANDOS

Este pez arrolla la cola en el coral y permanece allí al acecho, para succionar pequeñas presas con su hocico alargado. Las hembras ponen huevos en una bolsa en el abdomen de los machos. Cuando eclosionan, el macho "da a luz" al expulsarlos de la bolsa.

CORAL DE DEDO

Los corales forman una gran parte de la estructura rígida de los arrecifes. Los corales de dedo viven en colonias que reúnen a miles de pólipos, en las que cada uno de ellos forma un esqueleto rígido alrededor de su cuerpo y, luego, se apilan uno encima del otro. Cada pólipo, que mide cerca de 2 mm de largo, extiende los tentáculos para atrapar pequeños animales que pasan flotando.

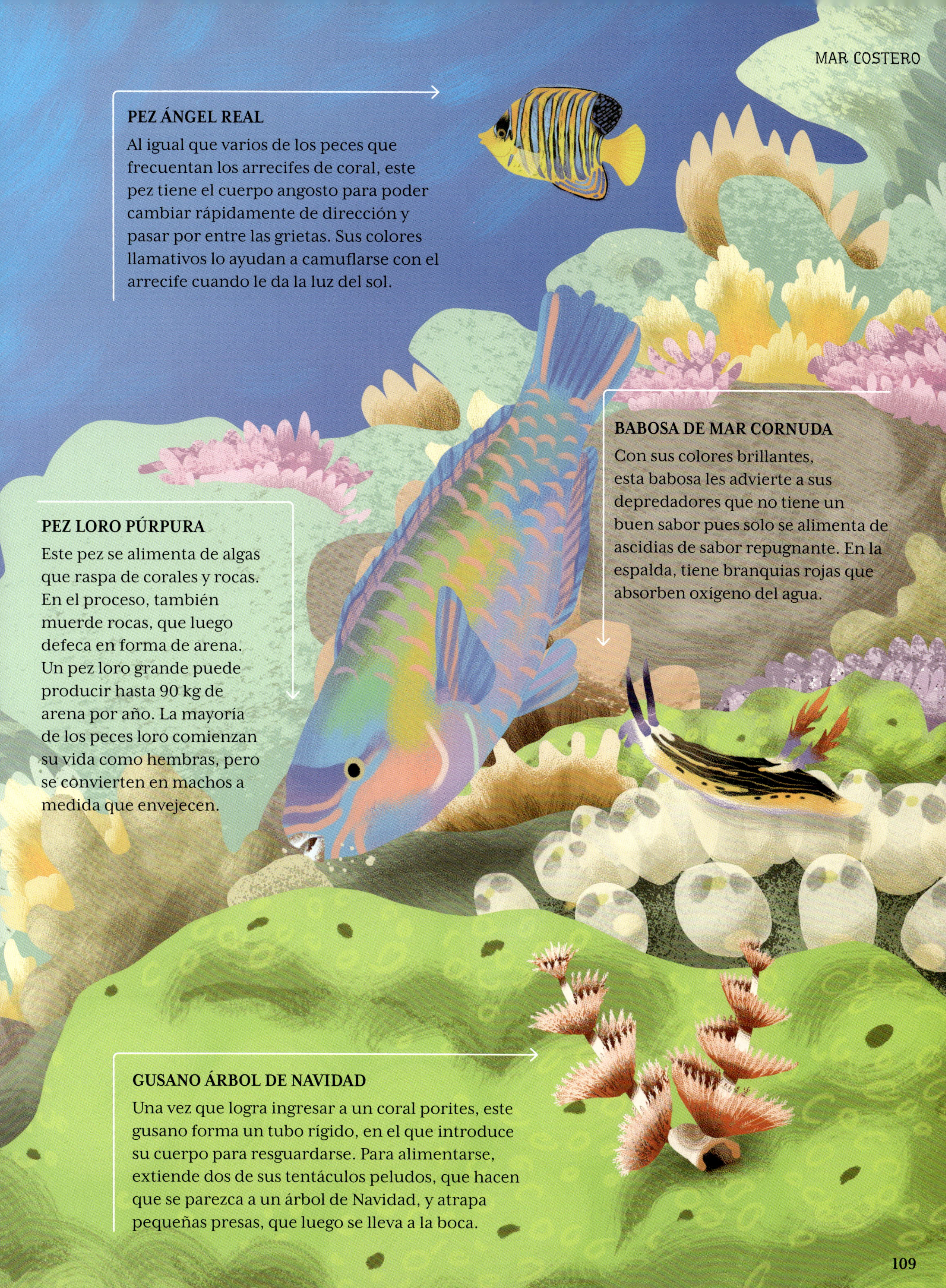

PEZ ÁNGEL REAL

Al igual que varios de los peces que frecuentan los arrecifes de coral, este pez tiene el cuerpo angosto para poder cambiar rápidamente de dirección y pasar por entre las grietas. Sus colores llamativos lo ayudan a camuflarse con el arrecife cuando le da la luz del sol.

BABOSA DE MAR CORNUDA

Con sus colores brillantes, esta babosa les advierte a sus depredadores que no tiene un buen sabor pues solo se alimenta de ascidias de sabor repugnante. En la espalda, tiene branquias rojas que absorben oxígeno del agua.

PEZ LORO PÚRPURA

Este pez se alimenta de algas que raspa de corales y rocas. En el proceso, también muerde rocas, que luego defeca en forma de arena. Un pez loro grande puede producir hasta 90 kg de arena por año. La mayoría de los peces loro comienzan su vida como hembras, pero se convierten en machos a medida que envejecen.

GUSANO ÁRBOL DE NAVIDAD

Una vez que logra ingresar a un coral porites, este gusano forma un tubo rígido, en el que introduce su cuerpo para resguardarse. Para alimentarse, extiende dos de sus tentáculos peludos, que hacen que se parezca a un árbol de Navidad, y atrapa pequeñas presas, que luego se lleva a la boca.

Tortuga verde

Las patas de esta tortuga parecen remos y su boca tiene forma de pico. Además, su cuerpo está cubierto por una coraza rígida llamada *caparazón*. La tortuga verde puede permanecer bajo el agua hasta por dos horas sin salir a respirar a la superficie. En general, vive en mares costeros donde el agua es cálida y se alimenta de hierbas marinas.

DISTINTOS ALIMENTOS

El nombre de esta tortuga proviene de la gran masa de grasa verde que tienen los adultos debajo del caparazón. El color de esta grasa se debe a que las tortugas se alimentan de hierbas marinas; sin embargo, las tortugas marinas jóvenes viven en aguas más profundas, donde se alimentan de animales como medusas, cangrejos y gusanos. Esta diferencia en las dietas de las tortugas jóvenes y adultas es un mecanismo para evitar la competencia por el alimento.

Las tortugas verdes adultas usan sus picos filosos para arrancar las hierbas marinas.

UNA LARGA VIDA

Las tortugas verdes pueden vivir hasta los 80 años y alcanzan la madurez reproductiva alrededor de los 25 años. Para aparearse, nadan hasta la orilla de la playa, lo que implica un viaje de hasta 2600 km, si parten desde el lugar donde suelen alimentarse en el océano. Sin embargo, estos animales emprenden el viaje con la seguridad de que encontrarán una pareja y un lugar cálido para poner sus huevos. Los científicos creen que las tortugas pueden sentir el campo magnético de la Tierra y lo usan para guiarse, ya que el núcleo del planeta, rico en hierro, funciona como un imán con polos opuestos.

Cuando la hembra está lista para poner huevos, cava un hoyo en la arena con sus aletas traseras en un lugar seco donde no llegue la marea. Después de poner hasta 200 huevos, los entierra en la arena.

En una temporada, la hembra puede hacer hasta 5 hoyos de este tipo, antes de emprender el viaje de regreso. Los huevos tardan entre 50 y 70 días en eclosionar y lo hacen durante la noche. Luego, las pequeñas tortugas salen trepando del hoyo en la arena y, siguiendo su instinto natural, llegan al agua. Este primer viaje es muy peligroso, no solo por la oscuridad, sino también por los depredadores, como las gaviotas y los cangrejos, que están siempre al acecho.

Cuando recién sale del huevo, una tortuga verde mide aproximadamente 5 cm de largo. De 100 tortugas, tan solo una tiene posibilidades de llegar a los 25 años de edad.

Tortuga verde

ESPECIE	*Chelonia mydas*
FAMILIA	Tortugas marinas
CLASE	Reptiles
TAMAÑO	Entre 0,9 y 1,5 m de largo
DISTRIBUCIÓN	Regiones cálidas de los océanos Atlántico, Índico y Pacífico
ALIMENTACIÓN	Hierbas marinas, algas, pequeños invertebrados y huevos de peces

Tiburones

Los tiburones son peces que se caracterizan por poseer un esqueleto cartilaginoso en lugar de huesos. Casi todos los tiburones son cazadores que siguen el rastro de sus presas con sus sentidos agudos. Mientras que algunos tiburones nadan en mar abierto, otros cazan en aguas poco profundas, donde encuentran abundante alimento.

TIBURÓN SIERRA DE SEIS BRANQUIAS

Los tiburones respiran dejando que el agua fluya por la boca y a través de sus branquias, que absorben el oxígeno del agua. Luego, el agua se elimina por unas hendiduras branquiales a los costados del cuerpo. A diferencia de la mayoría de los tiburones, que tienen cinco branquias, este tiburón tiene seis. Además, esta especie tiene un hocico en forma de sierra, llamado *rostrum*, que usa para atacar a los peces y escarbar en la arena para encontrar camarones y cangrejos.

TIBURÓN PUNTA NEGRA

Este tiburón, que tiene las puntas de las aletas de color negro, vive en arrecifes de coral en el océano Pacífico y el océano Índico. El tiburón de punta negra no pone huevos como la mayoría de los tiburones, sino que, por el contrario, las hembras dan a luz a crías vivas. Cuando nacen, los pequeños tiburones se quedan cerca de la orilla, donde los grandes depredadores no pueden nadar.

GRAN TIBURÓN BLANCO

El gran tiburón blanco mide hasta 6,1 m de largo y posee un poderoso sentido del olfato, que le permite identificar el olor de una gota de sangre entre 10 mil millones de gotas de agua. Con su mandíbula fuerte y flexible, este tiburón puede atrapar presas de gran tamaño, como focas o delfines. Además, tiene 300 dientes con extremos irregulares y filosos, ubicados en hileras, de manera tal que, cuando un diente se cae, el diente de atrás se adelanta para ocupar el espacio vacío.

TIBURÓN MARTILLO GIGANTE

Los tiburones tienen unos órganos sensoriales especiales en la cabeza, llamados *ampollas de Lorenzini*, que les permiten detectar las cargas eléctricas que emiten los animales cuando se mueven. Gracias a su cabeza de gran tamaño, este tiburón martillo cuenta con más ampollas de Lorenzini, lo que le da la capacidad de detectar con mejor precisión los movimientos de las presas, incluso los de aquellas que están enterradas en la arena.

SUÑO CORNUDO

Este pequeño tiburón tiene una espina filosa en cada una de las aletas dorsales, que le sirven como defensa cuando lo atacan. El suño cornudo pasa la mayoría del tiempo en el fondo del océano, donde sigue el rastro de sus presas olfateando el suelo con sus fosas nasales de gran tamaño. A su vez, sus ojos grandes le permiten ver todo lo que ocurre alrededor de los corales.

TIBURÓN ALFOMBRA JASPEADO

Este tiburón de cuerpo chato suele permanecer inmóvil entre los corales, camuflado gracias a su piel rojiza y los colgajos que tiene en la piel, que se asemejan a las algas. Además, estos colgajos tienen células sensitivas que lo ayudan a olfatear a las presas. Cuando una presa se acerca, este tiburón la succiona de inmediato al interior de su enorme boca.

Tiburones

SUPERORDEN	Tiburones
CLASE	Peces cartilaginosos
TAMAÑO	Entre 0,2 y 18,8 m de largo
DISTRIBUCIÓN	Todos los océanos y algunos ríos de América, África y Asia
ALIMENTACIÓN	Invertebrados, peces, aves, focas, delfines y tortugas

MAR ABIERTO

En la zona luminosa del océano, nada la orca, parecida a una ballena pero con dientes. La carabela portuguesa, emparentada con las medusas, flota en la superficie. Al mismo tiempo, en la zona crepuscular, el cachalote y el pez hacha buscan alimento. En la zona de medianoche, donde no llega la luz del sol, aparecen depredadores como la araña de mar y el rape.

El mar abierto, también conocido como *zona pelágica*, se refiere a la parte del océano que no está cerca de la costa, pero que tampoco está cerca del lecho marino. Los océanos del mundo, del más grande al más chico, son el Pacífico, el Atlántico, el Índico, el Glacial Antártico y el Ártico.

El océano Índico se ubica en la zona tropical, que rodea al ecuador, y es el más cálido, con una temperatura que varía entre los 19 y los 30 °C en la superficie. Por otro lado, hacia el norte y el sur de la zona tropical, se ubica la zona templada, donde el agua fría de los polos se mezcla con el agua cálida que viene de los trópicos. El océano más frío es el Ártico, que se ubica en la zona polar, donde gran parte de la superficie se congela en invierno. Los animales que viven en los océanos se adaptan a un rango de temperatura particular, y son pocos los que pueden vivir tanto en aguas tropicales como en aguas polares.

Los científicos dividen el océano en distintas zonas de profundidad, según la cantidad de luz y de calor que reciben del sol. Comenzando por la superficie y hasta 200 m de profundidad, se ubica la zona luminosa, donde las plantas y las algas flotantes pueden fabricar su propio alimento con la luz del sol, para luego convertirse, a su vez, en el alimento de animales herbívoros, y así continuar con la cadena alimenticia.

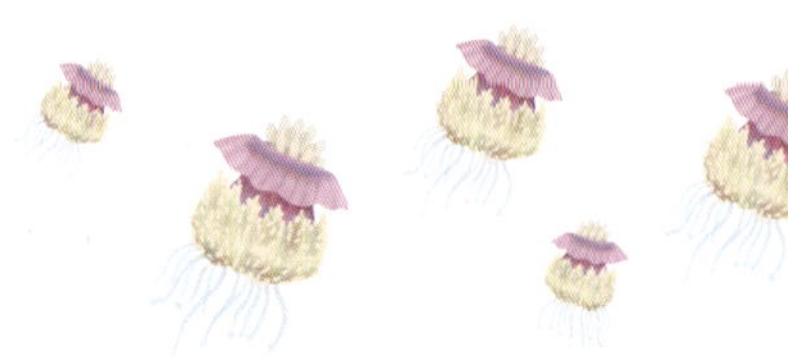
Medusas coliflor del océano Índico y el océano Pacífico

Por esta razón, la zona luminosa es la más poblada de todas. En segundo lugar, está la zona crepuscular, que abarca de 200 a 1000 m de profundidad. Si bien allí llega un poco de luz solar, no es suficiente para las plantas y las algas. Durante la noche, algunos animales que viven en esta zona se aventuran hacia la superficie, para poder alimentarse en la quietud de la oscuridad. Por último, a partir de los 1000 m de profundidad hasta llegar al lecho marino (que está a 10 929 m debajo del agua, aproximadamente), se encuentra la llamada *zona de medianoche*, caracterizada por aguas que siempre están oscuras y frías, y con temperaturas que no superan los 4 °C. Los animales de esta zona se alimentan de otros animales o de desechos que llegan desde las zonas superiores. Algunos de ellos, sorprendentemente, están dotados de órganos que los vuelven luminosos, para atraer presas o parejas para reproducirse.

A 1000 m de profundidad, en las aguas tropicales del océano Atlántico, donde la temperatura ronda los 2 °C, viven pocos animales. Entre ellos se cuenta el pez pelícano que, con su enorme boca, traga presas enteras que lo superan en tamaño, así como el calamar vampiro, que es capaz de producir destellos de luz para desorientar a sus depredadores. Otro animal que habita las profundidades del océano es el pez-demonio negro, que, para atraer a sus presas, agita el extremo luminoso de una extensión que tiene en la barbilla.

Océano Índico

Este océano tiene alrededor de 7906 m de profundidad y ocupa una superficie estimada de más de 70 millones de km^2. Las aguas iluminadas de su superficie son el hogar de diversas plantas y algas y de varios animales, entre los que se cuentan grandes peces depredadores, mamíferos y aves.

Para los animales, es difícil esconderse en la zona luminosa del océano. Por eso, la mayoría de los peces son ágiles y tienen un cuerpo liviano, lo que les permite nadar y cubrir largas distancias rápidamente, lejos de los depredadores. Muchos depredadores, incluidos peces y mamíferos como los delfines, son grandes y tienen una constitución poderosa gracias a la cual pueden capturar presas que se mueven rápidamente.

Algunos depredadores, como el pez luna, son cazadores solitarios, por lo que enfrentan menos competencia por el alimento. Sin embargo, muchos peces de mar abierto nadan en grandes cardúmenes, lo que les da la ventaja de tener muchos ojos para observar tanto a sus presas como a sus depredadores.

PEZ VOLADOR TROPICAL

Cuando hay un depredador que lo sigue de cerca, este pez tiene la habilidad de dar saltos de hasta 50 m por fuera del agua y planear en el aire, gracias a sus enormes aletas dorsales que funcionan como las alas de un avión.

PEZ VELA DEL PACÍFICO

Este pez, que mide hasta 3 m de largo, nada a una velocidad de 54 km/h persiguiendo a otros peces, como el atún y el verdel. El pez vela del Pacífico tiene una prolongación de la cabeza en forma de lanza que usa para golpear a sus presas y luego cortarlas. Además, con la aleta dorsal, mantiene el equilibrio de su cuerpo.

DELFÍN ACRÓBATA

A este delfín se lo llama *acróbata* porque da saltos en el agua y luego gira y hace piruetas en el aire, antes de volver a zambullirse. Se piensa que con este comportamiento busca liberarse de los parásitos de la piel o, quizás, enviar señales a otros delfines. Otra teoría sostiene que solo lo hace por diversión.

PEZ LUNA

Este enorme pez, que puede alcanzar un peso de 2000 kg, presenta una forma corporal extraña y distinta a la de otros peces debido a que no tiene una aleta de cola. El pez luna pasa horas reposando en la superficie, para aprovechar el abrigo del sol antes de regresar a las profundidades del océano a buscar alimento.

MANTA GIGANTE

Este animal, emparentado con los tiburones, puede alcanzar los 9 m de largo. Para desplazarse por el agua, usa sus aletas pectorales triangulares. Para alimentarse, usa las aletas cefálicas (ubicadas en la cabeza) que succionan agua de la que obtiene pequeños animales.

PIQUERO PATIRROJO

Esta ave marina vuela cerca de la superficie para atrapar peces y calamares y luego vuelve a zambullirse rápidamente. El piquero patirrojo tiene sacos de aire debajo de la piel que cumplen la función de amortiguar el impacto que sufre al caer al agua en picada desde el aire.

Ballena azul

Con un peso de 199 toneladas (más que 16 elefantes africanos) y una longitud de hasta 29.9 m, la ballena azul es el animal más grande del planeta. Al igual que otras ballenas, delfines y marsopas, la ballena azul es un mamífero que pertenece al grupo de los cetáceos.

NACIDOS PARA NADAR

Los cetáceos son mamíferos acuáticos de cuerpo alargado que nadan con sus miembros anteriores, que funcionan como remos, moviendo la cola de arriba hacia abajo. Estos grandes depredadores cuentan con una gruesa capa de grasa que los ayuda a mantener el calor. Además, tienen una aleta dorsal de gran tamaño, que los ayuda a moverse con rapidez. La ballena azul, sin embargo, posee una aleta dorsal pequeña, de unos 33 cm de largo, que no le es de gran ayuda.

Se cree que los cetáceos son descendientes de animales terrestres de cuatro patas que, en su evolución, perdieron las patas traseras para adaptarse a la vida marina. Estos mamíferos dan a luz a crías vivas, llamados *ballenatos*, que pueden nadar de inmediato. Una ballena azul hembra da a luz a un único ballenato cada 2 o 3 años, que mide unos 6 a 7 m al nacer.

Como todos los mamíferos, los cetáceos respiran mediante pulmones, por lo que nadan hacia la superficie con frecuencia para tomar aire. En la parte superior de la cabeza, la ballena azul tiene dos orificios, u espiráculos, que usa para respirar, por los que, al exhalar, lanza chorros de agua de más de 12 m de altura. Esta ballena puede sumergirse a una profundidad de 315 m y permanecer allí hasta 15 minutos de corrido.

Los ballenatos permanecen junto a su madre durante unos 7 meses, para alimentarse de 190 litros diarios de leche. Las ballenas azules viven entre 80 y 90 años.

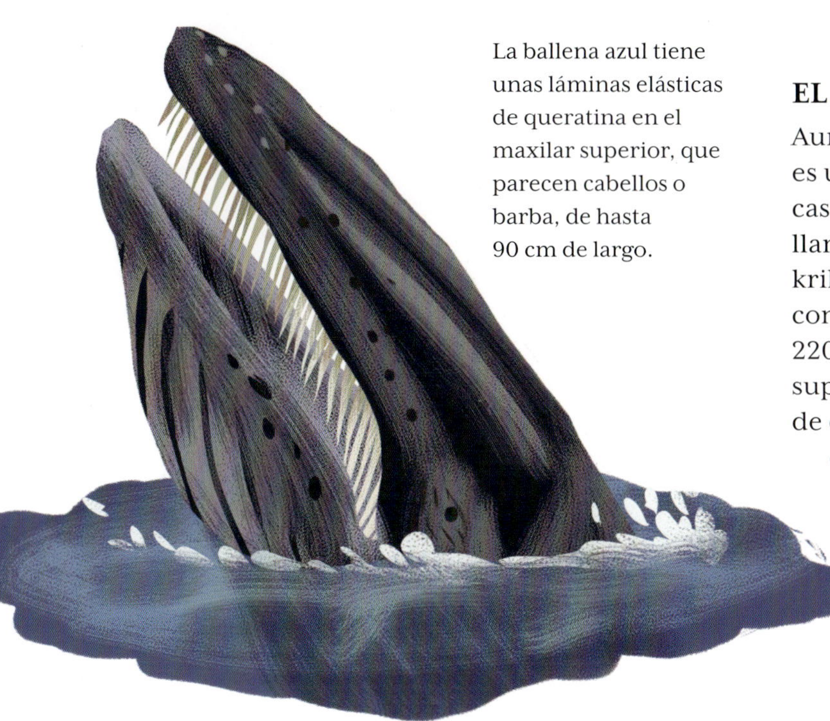

La ballena azul tiene unas láminas elásticas de queratina en el maxilar superior, que parecen cabellos o barba, de hasta 90 cm de largo.

EL PLATO FUERTE

Aunque pesa varias toneladas, la ballena azul no es una cazadora temible, sino que se alimenta, casi exclusivamente, de pequeños invertebrados llamados *kriles*. Cuando encuentra un grupo de kriles, se dirige hacia ellos nadando rápidamente con la boca abierta, con la que absorbe hasta 220 000 litros de agua con kriles. En el maxilar superior, esta ballena tiene unas láminas de queratina (una sustancia que también se encuentra en las uñas de los humanos, los picos de las aves y las escamas de los reptiles) que actúan como un peine gigante en el que los kriles quedan atrapados mientras el agua se filtra por la boca del animal.

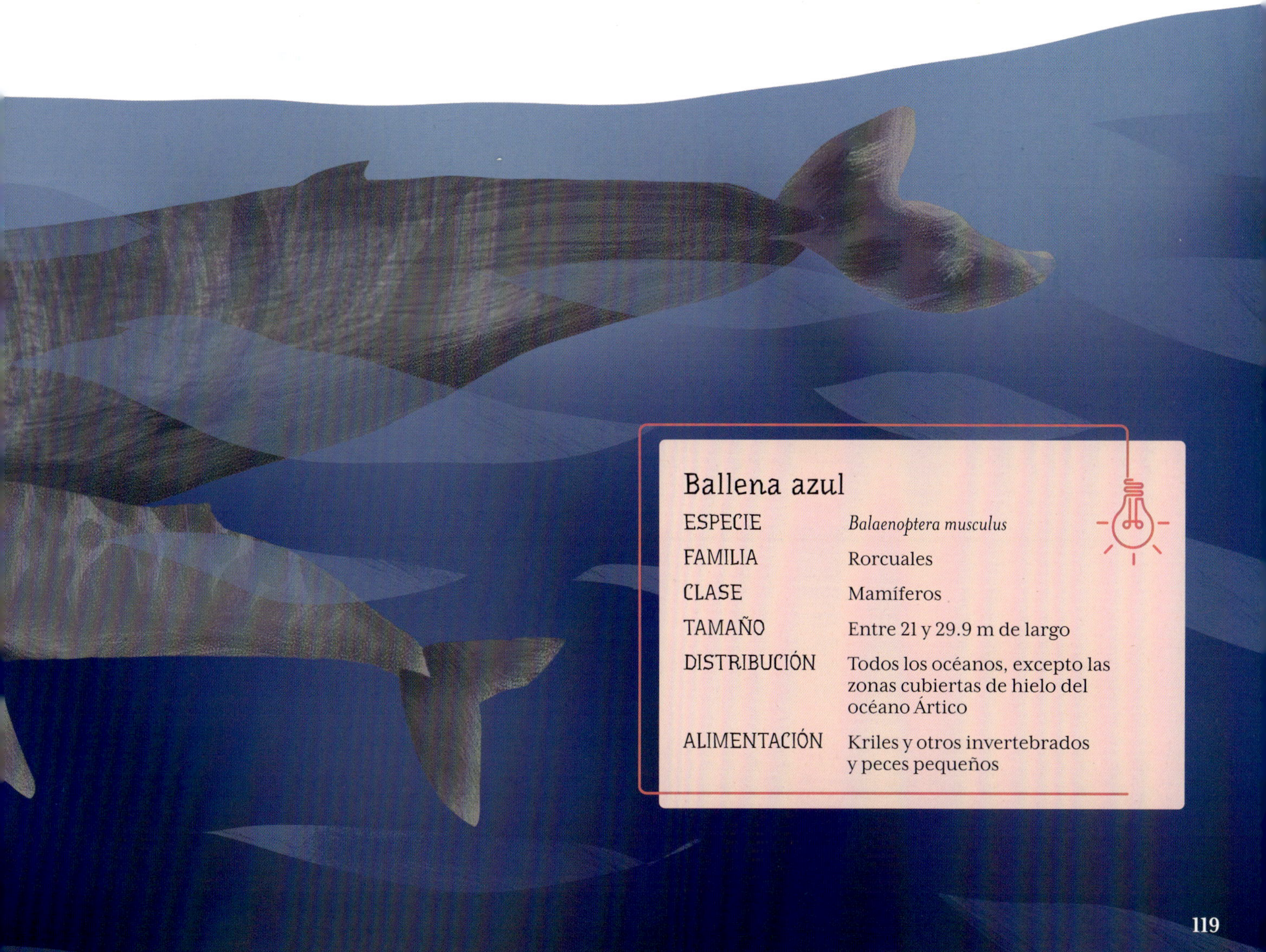

Ballena azul

ESPECIE	*Balaenoptera musculus*
FAMILIA	Rorcuales
CLASE	Mamíferos
TAMAÑO	Entre 21 y 29.9 m de largo
DISTRIBUCIÓN	Todos los océanos, excepto las zonas cubiertas de hielo del océano Ártico
ALIMENTACIÓN	Kriles y otros invertebrados y peces pequeños

Medusas

Estos invertebrados carecen de cerebro, pero tienen tentáculos punzantes que usan para inyectar veneno a sus presas. Los adultos poseen un cuerpo suave, en forma de paraguas, que se conoce como *campana*, en medio del cual está ubicada la boca. Estos animales nadan estrujando el cuerpo y lanzando agua hacia atrás.

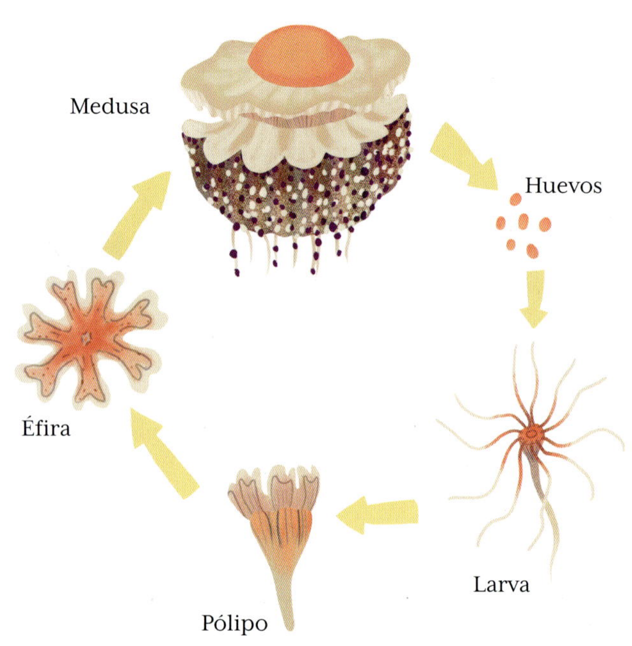

MEDUSA HUEVO FRITO

Como todas las medusas, la medusa huevo frito adopta distintas formas corporales durante su vida. Cuando los huevos eclosionan, nacen larvas alargadas que pueden nadar. Luego, estas se aferran al lecho marino, donde se convierten en pólipos, que parecen tallos con tentáculos que apuntan hacia arriba. En una etapa posterior del desarrollo, del pólipo se desprenden distintos segmentos con forma de placas que, finalmente, se convierten en distintas medusas.

MEDUSA DE PUNTOS BLANCOS

A diferencia de la mayoría de sus parientes, esta medusa no posee un veneno capaz de matar a sus presas. En cambio, tiene pequeños orificios en los tentáculos, por donde filtra agua que, a su vez, contiene pequeñas criaturas de las que se alimenta.

MEDUSA ATOLLA

Esta medusa que habita las profundidades del océano tiene la capacidad de producir luz mediante un proceso llamado *bioluminiscencia*. Cuando la atolla se siente atacada, emite una serie de destellos azules que, además de confundir al atacante, atrae a otros depredadores para que puedan atacarlo.

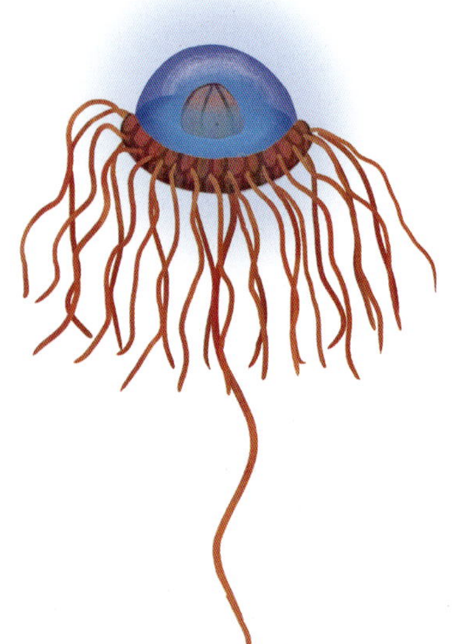

MEDUSA MELENA DE LEÓN

Esta medusa es una de las más grandes que existen. Tiene una campana de 2 m de diámetro y ocho lóbulos, que se asemejan a los pétalos de una flor. A su vez, cada uno de estos lóbulos está formado por 150 tentáculos en los que se van enredando peces e invertebrados, que serán el alimento de la medusa.

MEDUSA COLIFLOR

Los tentáculos de esta medusa tienen células punzantes que inyectan uno de los venenos más poderosos de la especie. En cada una de estas células, hay una púa en forma de aguja. Al ser tocada, la célula se abre e ingresa agua. En este mecanismo, la púa sale eyectada y ataca a la presa inyectándole veneno.

MEDUSA DE RAYAS MORADAS

Esta medusa tiene cuatro brazos orales centrales con volantes, más ocho tentáculos largos, equipados con células punzantes. Cuando los tentáculos entran en contacto con la presa, la pinchan y la pasan a los tentáculos orales, que la estrujan y la llevan a la boca del animal.

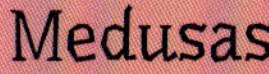

Medusas

CLASE	Escifozoos
FILO	Cnidarios
TAMAÑO	Entre 0,05 y 36,6 m de largo
DISTRIBUCIÓN	Todos los océanos y aguas salobres de las lagunas y estuarios
ALIMENTACIÓN	Invertebrados, huevos, algas y peces

PREGUNTAS Y RESPUESTAS

¿CUÁL ES EL ANIMAL QUE CORRE MÁS RÁPIDO?

El guepardo, que vive en África y en Irán, es el animal terrestre más rápido. Como tiene patas largas y fuertes, y una cola musculosa, puede llegar a alcanzar una velocidad de 100 km/h al perseguir a sus presas.

¿CUÁL ES EL ANIMAL TERRESTRE MÁS GRANDE DE LA ANTÁRTIDA?

El único animal que vive únicamente en la tierra en el continente antártico es un insecto pequeño, que no puede volar, conocido como *mosquito antártico*, de tan solo 6 mm de largo. Por otro lado, el elefante marino del sur, que mide 5,8 m de largo y pesa 4000 kg, es el animal de mayor tamaño que pasa parte de su vida en la Antártida (se acerca a la orilla solo para descansar y aparearse).

¿QUÉ ANIMAL TIENE EL PELAJE MÁS GRUESO?

La nutria marina tiene hasta 150 000 pelos por cm^2. El pelaje de este animal está formado por pelos impermeables largos, conocidos como *pelos protectores*, que hacen que la capa inferior de pelo corto se mantenga seca. El pelaje protege a la nutria del frío en las aguas costeras del norte y el este del océano Pacífico.

¿CUÁL ES EL ANIMAL MÁS GRANDE DEL MUNDO?

El animal más grande que existe es la ballena azul, que mide 29,9 m de largo y pesa hasta 199 toneladas (lo que equivale a más de 130 automóviles). La ballena azul puede vivir hasta 90 años.

¿CUÁL ES EL AVE DE RAPIÑA DE MAYOR TAMAÑO?

El cóndor andino, que habita el sur de la cordillera de los Andes en América del Sur, es el ave de rapiña más grande que existe, con un peso de hasta 15 kg y una envergadura de 3,3 m.

¿QUÉ ORDEN DE ANIMALES INCLUYE LA MAYOR CANTIDAD DE ESPECIES?

El orden de los escarabajos, conocido como *coleoptera*, es el que contiene la mayor cantidad de especies conocidas (cerca de 400 000). Los escarabajos constituyen el 40% de las especies de insectos y el 25% de las especies de animales conocidos en el mundo. Sin embargo, estos números pueden aumentar, dado que con frecuencia se descubren nuevos escarabajos.

¿CUÁL ES LA SERPIENTE MÁS VENENOSA?

La serpiente taipán del interior, presente en la región del centro este de Australia, es la que tiene el veneno más letal. Con una mordedura, esta serpiente inyecta a sus presas una cantidad de veneno suficiente para matar a 100 personas adultas.

¿QUÉ ANIMALES ESTÁN MÁS RELACIONADOS CON LOS SERES HUMANOS?

Los bonobos y los chimpancés son los parientes más cercanos de los seres humanos, ya que los tres pertenecen a la gran familia de los primates. El último antepasado en común a estos simios y los seres humanos existió hace 4 a 13 millones de años. Luego, los humanos comenzaron a evolucionar de una manera diferente a la de los bonobos y los chimpancés.

¿CUÁL ES EL ANIMAL MÁS ALTO?

La jirafa es el animal terrestre más alto de todos, con una altura de 5,7 m. Las jirafas tienen las patas y el cuello muy largos para poder alcanzar las hojas de los árboles de los que se alimentan. Por otro lado, se cree que uno de los animales más largos es la medusa melena de león, que tiene tentáculos de hasta 36,6 m de largo.

¿QUÉ ANIMAL TIENE LOS DIENTES MÁS LARGOS?

El elefante africano de la sabana, que es, además, el animal terrestre más grande del mundo, tiene los colmillos más largos que existen. Estos crecen continuamente y pueden llegar a medir 3,5 m y a pesar 117 kg.

GLOSARIO

Abdomen
Parte trasera del cuerpo de los insectos. En vertebrados, parte central del cuerpo, ubicada entre el pecho y las caderas.

Agua dulce
Agua no salada, como la de los ríos, lagos y estanques.

Aislante
Cubierta que impide el paso o la fuga del calor.

Aleta
Parte del cuerpo de los peces y de otros animales acuáticos que los ayuda a nadar.

Alga
Organismo similar a las plantas que generalmente vive en el agua o en zonas cercanas. Por ejemplo, las hierbas marinas son algas.

Anfibio
Animal que vive parte de su vida en la tierra y parte en el agua, por ejemplo, el sapo.

Animal doméstico
Animal que vive con los humanos.

Antena
Órgano sensorial de la cabeza de algunos invertebrados.

Arácnido
Invertebrado de ocho patas y el cuerpo dividido en dos partes.

Árbol caducifolio
Árbol que pierde las hojas durante algún periodo del año.

Árbol de coníferas
Árbol con hojas en forma de aguja o escama, que produce semillas en conos.

Árbol latifoliado
Árbol de hojas chatas que produce frutos con semillas.

Árbol
Planta de tallo grueso y leñoso, conocido como *tronco*.

Arbusto
Planta de tallos leñosos que es más baja que un árbol.

Arrecife de coral
Estructura subacuática hecha con los esqueletos de millones de animales pequeños, llamados *pólipos de coral*.

Ave de rapiña
Ave que caza otros animales que la superan en tamaño.

Ave
Animal con pico, alas y plumas.

Bacteria
Microorganismo unicelular.

Bioluminiscente
Que tiene la capacidad de producir luz propia.

Bioma
Gran comunidad ecológica con una vegetación y una fauna características, determinadas por factores climáticos y geológicos.

Bosque
Área extensa cubierta de varios árboles.

Bosque boreal
Bosque de regiones frías, ubicadas al norte, donde la mayoría de los árboles son de coníferas.

Bosque templado
Zona cubierta de árboles donde el sol llega a iluminar el suelo que los separa.

Branquia
Órgano que extrae oxígeno del agua.

Calentamiento global
Incremento de la temperatura del planeta debido a la acción humana.

Camuflaje
La manera en la que un animal se hace invisible en su entorno, gracias a su color o forma.

Canino
Diente agudo y fuerte que se ubica en cada extremo de las hileras de dientes incisivos de los mamíferos, al lado de la primera muela.

Capa emergente
Capa superior de la selva, donde se ven las puntas de los árboles más altos.

Carroña
Carne de animales muertos en descomposición.

Cartílago
Tejido esquelético flexible de los vertebrados y algunos invertebrados.

Célula
Unidad mínima de funcionamiento de los seres vivos.

Clase
Categoría de clasificación científica que abarca a distintos grupos de organismos en función de las características que posean y las similitudes que presentan, por ejemplo, mamíferos o aves.

Clima
Conjunto de condiciones atmosféricas que caracterizan a una región durante varios años.

Colonia
Grupo de animales que viven juntos.

Depredador
Animal que caza a otros animales.

Diapausa
Periodo en la vida de un animal, que suele ocurrir cuando las condiciones climáticas son adversas, en el que la actividad y el crecimiento se detienen.

Distribución
Área en la que se encuentra un animal.

Escama
Placa pequeña y rígida que protege la piel de la mayoría de los peces y de los reptiles.

Escarcha
Capa delgada de hielo que se forma en el suelo y sobre otras superficies cuando la temperatura es igual o menor a 0 °C.

Especie
Grupo de seres vivos que son similares y pueden reproducirse entre sí.

Estación húmeda
Periodo regular de clima lluvioso.

Estación seca
Periodo regular de clima seco.

Evolucionar
Cambiar gradualmente con el paso del tiempo.

Extinción
Desaparición completa de una especie.

Familia
Grupo de especies que están íntimamente relacionadas, por lo que presentan rasgos y comportamientos muy similares. Por ejemplo, los leones y los tigres pertenecen a la familia de los felinos.

Glándula
Órgano que se encarga de elaborar y segregar sustancias necesarias para el funcionamiento del organismo o que han de ser eliminadas por este.

Hábitat
Hogar natural de un animal, planta u otro ser vivo.

Hibernar
Pasar el invierno en un estado de inactividad o pasividad.

Hielo marino
Hielo que se forma en la superficie del océano.

Hocico
Parte saliente del rostro de algunos animales, que contiene la nariz y la boca.

Humedal
Ecosistema en el que viven plantas bajas, pastizales y juncos.

Inactivo
Estado de un animal, durante el cual permanece dormido y sus funciones vitales están detenidas o más lentas.

Insecto
Animal invertebrado de seis patas y un cuerpo dividido en tres partes: cabeza, tórax y abdomen.

Invertebrado
Animal sin columna vertebral, como los calamares, las arañas o los insectos.

Larva
Etapa de desarrollo en el ciclo de vida de algunos invertebrados, peces y anfibios, durante la cual el animal aún no ha adquirido la forma y la organización propia de los adultos de su especie.

Liquen
Organismo conformado por la unión de un alga y un hongo.

Llanura
Área extensa en la que la mayoría de las plantas son pastizales.

Mamífero
Animal que desarrolla pelo durante alguna etapa de su vida y amamanta a sus crías con leche materna, como la ballena o los seres humanos.

Mangle
Árbol o arbusto que vive en la zona intermareal.

Marea
Cambio periódico del nivel del mar en la orilla, producido por las fuerzas de atracción gravitatoria del Sol y la Luna con respecto a la Tierra.

Marisma
Humedal de aguas subterráneas, donde se acumula material compuesto por plantas muertas, al que se conoce como *turba*.

Metamorfosis
Cambios en la forma del cuerpo que atraviesan los anfibios y algunos peces e invertebrados al convertirse en adultos.

Migrar
Trasladarse de una región a otra en determinados momentos del año.

Néctar
Líquido azucarado que producen las flores.

Nivel del mar
La altura de la superficie del mar.

Nocturno
Activo durante la noche.

Nutriente
Sustancia que necesita el cuerpo de un animal para crecer y mantenerse sano.

Orden
Grupo de familias que están íntimamente relacionadas. Por ejemplo, el gato y el perro pertenecen al orden de los carnívoros.

Órgano
Parte del cuerpo que cumple una función específica, como el corazón o el cerebro.

Oxígeno
Gas presente en el aire y el agua que es necesario para que las células de los animales puedan obtener energía.

Pantano
Humedal formado con agua de lluvia, donde se acumula material conformado por restos de plantas, llamado *turba*.

Parásito
Organismo que vive dentro de otro ser vivo o cerca de él, para obtener alimento u otros beneficios.

Patas palmeadas
Patas en las que los dedos están unidos por capas de piel y membranas, que se parecen a los remos.

Perenne
Árbol o planta que mantiene las hojas verdes durante todo el año.

Permafrost
Capa subterránea que permanece congelada durante todo el año en las regiones cercanas a los polos.

Pez
Animal acuático que tiene aletas y respira oxígeno del agua mediante branquias.

Pezuña
Uña grande y dura de las patas de algunos animales, como el caballo.

Planear
Volar con las alas extendidas, pero sin moverlas.

Planta
Ser vivo que fabrica su propio alimento con la luz del sol.

Plumaje
Cubierta de plumas de las aves.

Polar
Zona cercana a los polos, donde hace frío durante todo el año.

Polen
Polvo fabricado por las flores, capaz de fertilizar a otras flores de la misma especie para que produzcan semillas.

Presa
Animal que otros animales cazan como alimento.

Pulmón
Órgano que extrae oxígeno del aire.

Pupa
Etapa en la vida de un insecto en la que cambia de larva a adulto.

Renacuajo
Larva de un anfibio.

Reposar
Descansar o dormir.

Reptil
Animal de piel seca y cubierta de escamas que generalmente pone huevos en la tierra.

Resistente
Que puede soportar condiciones adversas.

Sacos de aire
Parte del cuerpo (de algunos animales) que se llena de aire.

Salobre
Agua que resulta de la mezcla de agua dulce y salada.

Savia
Líquido dulce que circula en el interior de las plantas.

Semilla
Pieza que producen las plantas, a partir de las cuales pueden reproducirse.

Sequía
Periodo largo sin lluvias.

Sotobosque
Segunda capa inferior de la selva compuesta por arbustos y otras plantas bajas.

Subespecie
Grupo de animales de una especie que viven en una región determinada y que difieren de otros grupos de la misma especie.

Superdepredador
Un depredador que no tiene depredadores naturales y, por tanto, se ubica en lo alto de la cadena alimenticia.

Taiga
Bosque en el que la mayoría de las plantas son coníferas, ubicado en regiones boreales y de clima frío.

Templado
Clima de las zonas que se ubican entre los trópicos y las regiones polares, donde no hace demasiado calor ni demasiado frío.

Tentáculo
Parte del cuerpo alargada y delgada de algunos animales, que usan para sentir o tomar cosas.

Tundra
Región fría y sin árboles.

Veneno
Sustancia química dañina producida por algunos animales.

Vertebrado
Animal con columna vertebral, como los peces, anfibios, reptiles, aves y mamíferos.

Zona alpina
Región montañosa en la que no hay árboles, sino plantas bajas, y que se ubica por debajo del límite de la nieve.

Zona infralitoral
Área de la orilla que se encuentra siempre cubierta de agua.

Zona intermareal
Área de la orilla que se ubica debajo del agua cuando la marea sube y por encima del agua cuando la marea baja.

Zona montañosa
Área ubicada en las laderas de las montañas donde crecen árboles.

ÍNDICE